日本労働社会学会年報

2019

第30号

生活という視点から労働世界を見直す

JN193626

日本労働社会学会

The Japanese Association of Labor Sociology

ANNUAL REVIEW OF LABOR SOCIOLOGY
2019, No.30
Contents

The Japanese Association of Labor Sociology

特集　生活という視点から労働世界を見直す

労働社会学会設立の目的を問う

　30年前、正確にはさらに遡ること6年前、河西宏祐氏からの誘いを受けて集まった数人が中心となり、学会設立に向けて活動を開始しました。きっかけは『月刊　労働問題』（日本評論社）が廃刊（1981年12月）に追い込まれたことに危機感を抱いた同志数人が、労働研究の火を消さないために集まり、遂に『学会』設立と『日本労働社会学会年報』第1号（1990年3月）の刊行へと漕ぎ着けたのです。

　一番大変だったのは、6年前に設立の核になる「研究会」を持続的に開き「礎石」を築き上げることでした。毎月報告者を立て、会場を借りそこで行われた討論を「会報」に纏め上げ参加者に郵送するという作業は大変でしたが、自分たちの「拠って立つ足場」を作るという意気に燃えて3、40人になった参加者それぞれが持てる力を投入して取り組みました。当日のテーマを考える人、報告者への依頼、会場設営、質問や討論への積極的参加、それらを纏めて「会報」を作成する、名簿管理と郵送、この一連の活動を毎月続けるという当時の面々のエネルギーは大変なものでした。

　なぜそこまで出来たのか、当時優れた業績を残された諸先生の所属の多くは、学部ではなく教養部だったことは前述しましたが、「労働社会学の研究者を育てポストを確保すること」は緊要の課題でした。各地に散らばるいわゆる「一匹狼」を集め、研究会を通じて集団で育てていく、それがすでに定職に就いている先達の現実的な目的でした。

　ところで、これまで一匹狼として沈潜していた人々に共通していた社会的性格には共通するものがありました。地味ではあるが納得がいくまで追求していく「職人気質」、不条理なものや悪意に対しては妥協せず徹底的に闘う「反権力の姿勢」、これらの姿勢は会員諸氏の業績の中に何らかの形で貫かれていたように思われます。

　つまり単なる「労働者階級の状態」描写ではなく、労働過程で受ける苛酷な環境下にあって自らの置かれている立場に気づき鍛えられていく階級的自覚、やがて組織をつくり対抗して現状を変えていこうとするといういわゆる「変革主体の

形成」を予見する立場、つまり労働過程は同時に「陶冶、集成、対抗」（山田盛太郎『日本資本主義分析』岩波）の過程でもあるという把握の仕方、これを「斬り返しの論理」と仮に呼ぶとすれば、この過程を抜きにした研究は魂を抜き去られた単なる「社会化論」になってしまいます。「社会化」は資本主義の深化にともなって客観的に進行するいわば生活過程をとりまく環境でしかありません。これでは変革主体がいないのに自動的に社会が変化していくかのような錯覚を与えてしまいます。変革主体とは他ならぬ「人間」であり、組織や制度ではなく主体となる人間を問題にするのが社会学です。私の長い研究経験によれば、変革主体が確認できたのは、「日鋼室蘭の解雇反対闘争」の渦中において見出されただけでした（鎌田－鎌田『日鋼室蘭争議30年後の証言』御茶の水書房）。

　今回の労働社会学会のテーマは、この課題に正面から取り組もうとしているように見えます。労働から全生活過程へという転換は深める価値がありますが、前述した課題が解かれなければ意味がなくなります。生活過程の中に耐えがたい状態があり、これを「変革するために闘うという主体の形成過程」を欠いてはならないと考えますがどうでしょうか。これは自分のこれまでの研究に対する反省でもあります。

「日本労働社会学会」の更なる発展のために

1．権威主義を廃し、みんなで「労働する」学会

　この学会の特徴の一つとして、偉い人が一人もいない、会員はみな対等で同じ権利を持ち、同じ義務を負っているという組織原理が貫かれていることです。頼まれたら決して断らない、学会を維持していくためには地道な仕事を黙々とこなす「働く人」が必要です。学会のために汗を流すことをせずただ威張るだけの人が多くなっては、組織は活気を失います。これまで多くの学会が硬直し若者が生気を失っていったのはそれも一因ではないかと思っています。学術会議登録の必要用上『学会』を名乗りましたが、せめて会長を廃し「代表幹事」とし、役員を「幹事」とした理由です。まさにみんなが「労働する学会」なのです。

　ただ弱さも持っています。権威あるトップがいない代わりに強力な統率者もい

ない、号令一下組織が動く強さはないかもしれませんが、設立者たちは「個の主体的な参加と力量」を信じ、この「原則」を選んだのでした。この「自由な研究の砦」を今後生かすも殺すも会員の皆さんの自覚と力量次第です。

2．現場主義を重視し、実態把握から出発する

　労働の現場を見たことがない、労働者と話したことがない会員を無くすため設けられたのが毎年の「工場見学」です。また実証研究に欠かせない「調査報告」は他紙では掲載を嫌われるので、『年報』とは別に『研究』誌をつくりました。尽力された河西先生の遺産です。是非活用して下さい。個人情報保護の観点から社会調査は確かに厳しくなってはいますが、誠意を尽くせば必ず応えてくれます。たとえ一人でもいいので、現場でじっくり話を聴いてみて下さい。体感するものは必ずあります。

3．「飲みニケーション」を重視する

　楽しくなければ人は集まらない。日頃机に向かって呻吟している憂さを解放する機会でもあり、当学会の飲み会は2次会3次会と、心ゆくまで続くのが伝統になっています。

　最後に、私は命果てるまでこの学会の一会員として共にあります。躍動する若い皆さんにこの機会を借りてエールを送ります。

―― 日本労働社会学会年報第30号〔2019年〕―

サブシステンスの視点から労働を捉え直す

古田　睦美
（長野大学）

はじめに

　近年、グローバル社会の変動を背景に、L.グラットンの『ワーク・シフト』（グラットン 2012）や、E.マッチャーの『ハウスワイフ2.0』（マッチャー 2014）など、従来の労働者像や働き方、また雇用条件などの考え方とは大きく異なる労働観が提示され、イギリス、アメリカ、日本などでベストセラーになるなど大きな反響をよんでいる。この背景には女性や若者の置かれている現実の労働実態や、こうした社会層を中心とした、いわば生き方の変化がある。

　一般に、資本主義の進展とともにプロレタリア化が進行し、前近代的な労働条件は消失するはずであった。しかし、グローバルな視野に立てば、実際には非正規、パート、内職、不法就労、家族従業者、家族経営の自営農・漁業者、その他の様々な雇用形態が消失せず、むしろ、インフォーマル・セクターが増大していると言われる。また、ローカルな市場やコモンズの維持、DIYや家庭菜園など人間の生活を支える活動の積極的な意味も消えることはなかった。社会科学はこれらをどのように捉えてきたのか、また、これからどのように捉えていけるのだろうか。

　1970年代以降、農村や「南」の開発が国際機関やエコノミストによって新たな投資先として見出されるにつれ、現代的なアカデミズムにおいても、サブシステンス、インフォーマル・セクター、地下経済などが、開発経済学、社会学における研究対象として焦点化されるようになってきた。ウォーラーステインらは歴史学、社会学、政治学的な観点からハウスホールド研究をまとめた著書の中で、

アカデミズムは1980年代にインフォーマル・セクターを発見したとしている（Smith and Wallerstein eds., 1992）。これらの領域に光が当たった背景には、1960年代後半、1970年代のフェミニズムの問題提起の無視できないインパクトがある。

　本稿では、フェミニズムの問題提起を受けて、女性が担ってきた家事労働をどう捉えるかを問題にしてきたアンペイド・ワークの測定の動向や、サブシステンス・パースペクティブに立脚して労働概念の再構築に取り組んできたエコ・フェミニズムの議論を追いながら労働観の転換に関する示唆を得ることにしたい。

1. アンペイド・ワーク論の潮流

（1）フェミニズムからの問題提起

　アンペイド・ワーク論の前史としては、1960年代以降のフェミニズムの問題提起を受けて、先進国のフェミニスト経済学、社会学の分野において展開された、女性の労働や家事労働に関する論争がある（古田 1997）。

　主に女性によって担われている、家事・育児・介護、助け合いやコミュニティのための教育文化的活動、ゴミや瓦礫の始末や環境保全、家族経営体内部の無償労働、それらのおびただしい量の労働は、市場を経由せず、有用労働とは言えず経済学的には価値を生まないとされてきた。だが、女性たちの視点から見れば、それらが社会的に必要もなく意味がなく誰の役にも立っていないとするのは、男性的ジェンダーバイアスの賜物である。実際、それらがなくては社会や家庭生活が立ちゆかないともいえる。フェミニズムは、人間社会に必要な女性の労働が、むしろ、見えなくさせられ、価値のないものとされ、ひどい低賃金、または無償のまま利用されていることを問題としたのである。

　この問題をアカデミズムの側から受け止めて女性学Women's Studiesや、家事労働論争が展開された。M.ダッラ・コスタらは、既存の経済学説において、労働力の再生産活動は安んじて個々の労働者の本能に委ねられると考えられてきたが、家事は労働力を再生産する労働であるとして、家事労働を扱えなかった既存の学説を批判した。C.デルフィーのようなラジカル派は、資本制と、それを再生

産して支える家父長制が関係しながら存在するのであり、家事は家父長制の中に位置付けられると考えた。これに対して、二重生産様式（dual system）の統合理論、接合理論、従属理論、エコ・フェミニストの家父長制的資本主義論など、フェミニスト経済学者、社会学者によって、家事労働は資本制という一つのシステムに埋め込まれた（built-in）労働であるとする多くの学説が展開された。多くのフェミニスト経済学者たちは、自然に働きかけて自然物を人間にとって有用なものに変化させる活動は「労働」であるという立場から、家事労働を再定義し、資本の蓄積運動との関係や、その労働過程の組織のされ方を解明しようとした。

(2) アンペイド・ワーク測定の動向

70年代の社会動向を受けて、国連は1975年から85年までを国連女性の10年と位置づけた。女性と開発がテーマとなる中で、貧困国や農業国の女性の労働にも光が当たり、ジェンダー統計の整備、インフォーマル・セクターの測定など、国際的に女性の見えざる労働の貢献を捉えようとする動きがはじまった。85年の「2000年に向けての女性の地位向上に関する将来戦略」（ナイロビ会議採択）の中では「女性の報酬を伴う貢献、および、特に、報酬を伴わない貢献を認め、これらの貢献を特定し…」と書かれ、90年のナイロビ将来戦略実現のための勧告では、各国は、女性のアンペイド・ワークの経済的価値を測定するための具体策を95年までに講じるべきとされた。

ここで、アンペイド・ワークの定義に触れておこう。95年の北京会議において、アンペイド・ワークとは、次の二つを含むとされた。

1つは生産労働であるにもかかわらず全く支払いがないか、あるいは過小評価されている活動で、家内労働や家族従業者の労働。これは生産活動の一部であり、支払われているはずだが過小評価されていたり、夫名義の収入として家計に吸収されており、女性の労働としての価値は評価されていない。

2つ目は、家事、育児、介護、コミュニティワーク、ボランティアの領域の労働で、それらは生産活動とは認識されていない。それどころか、統計上は消費活動または余暇活動に分類されている場合もあるが、自分のためにだけおこなっているわけではない。これらが無かったら家族や、目の前の乳幼児や高齢者などの

ケアができず、また次世代の育成や、再生産も賄えないのである。

　こうした認識のもと、国際的なアンペイド・ワークの測定が行われることになった。この測定においては、それが誰のために行われているのかを記述し、他人によって代替可能であれば計算に入れる「第三者原則」という考え方が取り入れられた。ある家事が第三者によって代替可能なのであれば、女中やヘルパーや調理師と置き換えられるのであり、既存の統計上そう扱われていたような「余暇活動」ではないことは明らかである、また、それらの賃金と比較し得ることから価値を計算することも可能だということが担保されているとも考えられる。こうして、日本でも、経済企画庁が家事労働の試算を発表し、新聞に「専業主婦の労働を円に換算すると276万円も働いている。無償労働の総額は99兆円になる」と報じられた。

　こうして、女性の見えざる貢献の可視化の試みが行われたのだが、では、果たしてアンペイド・ワーク論の目的は貨幣換算だったのか。特に日本の場合には男女の賃金格差が大きく、比較に使用された女性労働がそもそも低賃金なのであり、金銭に換算しても過小評価されることになるのではないかという批判や、あるいは、アンペイド・ワークの全てをペイド・ワークにすることが目的なのか、そんなことはできない、などという批判的な誤解も現れた。

　国際的動向の中では、アンペイド・ワークの殆どを女性が担っており、ペイド・ワークの方は男性に割り当てられているというジェンダー分業が、男女の社会的地位の不平等の原因となっているということが認識された。

　アンペイド・ワークの測定の意義は、まず、見えざる労働を可視化し、女性の貢献を明らかにすることであったが、それだけでは現実は解決しないのであり、測ってどうするのかが問題となる。カナダや、欧州ではじまった、女性の貢献の測定の動きは、女性のアンペイド・ワークを測定し、政策へ反映させ、労働を再配分しジェンダー平等を推進するという政策的な目的を持っていたのである[1]。

　労働の捉え方についていえば、国際的なアンペイド・ワーク測定の動向における「第三者原則」による計上という方法が特記されるべき事項であろう。これは、労働価値説を踏まえて論じられてきた有用労働の概念とは異なり、市場の内部に編成されているか否かにかかわらず、家庭内にあっても他者のために行われる労

働を射程に収めようとする意図で開発された新たな技術的道具だてであり、労働概念に関する不毛な定義論争を避け、家事労働論の問題提起を受け止めて、これらを科学的に計量していこうとしたものだといえる。

(3) 欧州統一調査コーディングリスト

　さて、次にこうした動向の中で、さらに労働概念について何がわかって来たのかを見てみたい。国際的動向の中で、INSTRAW、EUROSTATを中心にアンペイド・ワークを射程に入れた測定方法が開発されていった。1993年にはアムステルダムで国際生活時間学会が開催され、フィンランド統計局のNiemi氏が、EUROSTATの行動分類の国際基準の枠組みを発表した。これに基づいてヨーロッパ7カ国が参加して、95年から96年に欧州統一パイロット調査が行われ、一人の人が1日24時間何をおこなったかを記述する方式の調査票から、労働項目の拾い上げとアフターコーディングが行われて、2000年版の行動コーディングリストが作成された。同時に、誰と一緒だったのか、労働の文脈が記述できるようになっており、例えば「車を運転した」という記述でも、子どもを習い事に乗せていったのであれば育児、親を病院へ乗せていったなら介護などと区別できるようになっている。

　日本の既存の生活時間調査は、ほとんど社会生活基本調査を再分析したものである。先述した経済企画庁の試算も平成13年の社会生活基本調査データを再計算したものであった。同調査のデータの取り方は、あらかじめ設定された次の5項目だけを調べたものである。1番目が炊飯、洗濯などの「家事」、2番目が「介護、看護」、3番目が「育児」、4番目が「買い物」、5番目が「ボランティア活動」である。

　しかし、筆者がフィンランド統計局へNiemi氏を訪ね、入手した行動コーディングリストは行動項目だけで18頁に及ぶ膨大なものであり、無償、有償のすべての人間の生活が記述された原票から拾い起こされた実に豊富な労働内容のカテゴリーが記されていてたいへん興味深い[2]。

　項目のレベルは、大項目と、中項目、小項目となっている。膨大な実際の活動からコーディングし、組み上げた大項目は、「0 自分のためのケア」、「1 仕事」、

「2 勉強」、「3 家庭と家族の世話」、「4 ボランティア活動と会合」、「5 人との交流と娯楽」、「6 スポーツとアウトドア活動」、「7 趣味とゲーム」、「8 マスメディア」、「9 移動および特定されない時間」となっている。そして、項目のそれぞれに主行動、従行動がある。

　このリストから、例えば、家事の中項目をあげれば、「食料の管理」、「家庭の維持」、「衣類の作成と手入れ」、「庭仕事とペットの世話」、「家の建築と修理」、「買い物とサービス」、「家計の管理」、「子供の世話」、「成人家族への援助」などとなっている。その下位の小項目を見ると、例えば「食料の管理」の下位に「食事の支度」があり、これらは、パイロット調査から得られた活動、例えば、献立の計画、テーブルセッティング、ベリーを洗う、ジャムを作るなどの保存食作り、スープストック作りと保存、ハーブを調合する、豆などの下ごしらえ、オーブンで焼く、食卓を整える、食器を片付けるなど、暮らしの営みを記述した1日の行動記録からコーディングしたものである。このアンペイド・ワークの労働項目には、およそ、人間の暮らしを豊かにする営みが網羅的に記載されているということができる。

（4）長野県調査から

　上述の欧州統一行動コーディングリストと比較可能な方法で、筆者は長野県でパイロット調査を行なってコーディングを試みた。欧州10カ国でも、各国の特性上固有の活動が出てくるのであるが、それは小項目よりさらに下位のコードとして整理する方法が確立されているので、その方法に沿って長野県独自コードを付加することもできる。欧州にはないどのような独自項目が出てきたかというと、たとえば「食事の支度」では、お弁当作り、漬物作り、精米、「家庭の維持」では布団干し、布団たたみ、「庭仕事」では、実に多様な家庭菜園や自給的活動、「子供の世話」では、連絡ノートを書く、習い事や部活動の送り迎え、「ボランティアと会合」では、セギ払いなどの地区活動、自治会の配り物、集会所や入会地などコモンズの共同管理、手間替えのような親戚や近隣との助け合い、生活協同組合や農業協同組合の活動、地域での教育文化活動などが含まれる。

　時間量では、日本のワーク総量は男女ともに欧州平均よりも多い長時間労働で

あるが、長野県の女性ではさらに長くなっている。アンペイド・ワークの量を男女別に見ると、各国と比較しても長野県の女性が最も多くなっているが、男性の中では、長野県の男性のアンペイド・ワークは「育児」「社会活動」の項目で、日本全体より多くなっているのが特徴的である。

　男性のアンペイド・ワークが極端に少ない企業戦士型の日本の都市部と比べて、郡部の方がより豊かな暮らしの時間を過ごせているという見方もある程度成立する。しかし、同時にジェンダーの視点から考察すると、長野では、男が出ることになっている地区の共同作業が多いことや、自給的農林業に近い家周りの作業が「男の仕事」とされているとも考えられる。また女性では、家事、介護、育児、自家消費用作物の管理や漬物作り、学校関係の会合、地域のボランティアや助け合い活動が多くなっている。地域の自治的自主的活動が含まれると同時に、強固なジェンダー分業の存在や、「女衆のボランティア」という名のいわゆる「行政の肩代わり」など、匿名性の成り立つ都市部とは異なり、逃れられない地域の強制的な活動が含まれている可能性も指摘できる。

　アンペイド・ワークの労働項目を見ると、人間生活の質を高める活動が並んでおり、これらを単にペイド化して賃労働にするのも、またプライベート化して女性に担わせるのも妥当ではない。これらの領域のうち、どれを公的に保障し、どれだけを市場化し、どれだけをプライベートとして残すのか、そして、担い手のジェンダーバランスをどうするのか、測定による可視化によって、これまでは焦点が当てられていなかったこれらの問題が俎上に上がってくる。と同時に、これらが農村や郡部に残る豊かさの現れであり、使用価値を作る意義を直接的に感じられることによる労働そのものの喜びや、対面での人間的な、豊かさや、生きがいや達成感へ向かう自発性などの、質的に多様な豊かさを有していることも見て取れる。現代的な視点に立つ、質的な分析が必要である。そこで、次に質的な分析のために、サブシステンス・パースペクティブに立つ労働概念の再構築から示唆を得ることにしよう。

2．サブシステンス・パースペクティブからの示唆

（1）サブシステンス・パースペクティブの形成

　労働を、命を生み出し維持する営みそれ自体に含まれる豊かさや歓びと関連づけて再定義しようとしたのが、サブシステンス・アプローチである。主な論者は、マリア・ミース（M. Mies）、クラウディア・V・ヴェールホフ（C. v. Welhof）、ヴェロニカ・ベンホルト・トムゼン（V. Benholdt - Thomsen）で、三人はもともとインドやラテンアメリカといった低開発国をフィールドとする社会学者、経済学者、文化人類学者である。

　彼女らは、ビーレフェルトでフェミニスト協会を結成するなど、70年代のドイツフェミニズムの担い手であり、家事労働に賃金をという論争にも加わった。70年代初頭にはスタンフォード大学で一時教鞭をとっていたA・G・フランクとも接し、従属理論の影響も受けている。しかし、ヴェールホフの言葉を借りれば、〈資本家によるプロレタリアの搾取〉というヨーロッパの工業国の白人男性をモデルとして構築された既存の学問には、ベネズエラの農民女性の労働を研究するためにそのまま使用できそうな理論装置は何一つ見つからなかった。「従属理論でさえジェンダーバイアスに囚われている」として、彼女たちは、直面する第三世界の女性の現実を分析するために、エコロジーとフェミニズムと世界システムパースペクティブに立ち、世界をトータルに捉える、独自の理論的枠組みを構築していった。1970年代後半から80年代にかけて、彼女たちはビーレフェルト大学を拠点に「サブシステンス」に関する国際会議を開催、「サブシステンス理論及び実践研究所」を設立し、I. ウォーラーステインなど世界システム論と呼ばれる研究者たちとも相互影響関係にある。また、ヴェールホフ、B. ドゥーデンを介して、I. イリイチのシャドウ・ワーク論にも影響を与えた。

（2）サブシステンス・パースペクティブから世界を見る
──持続不可能な経済のアイスバーグモデル

　まずは、サブシステンス学派が世界をどう捉えているかを紹介しよう。「女性」「農民」「自然」の置かれた状況から見れば、現在の経済は持続不可能な氷山のよ

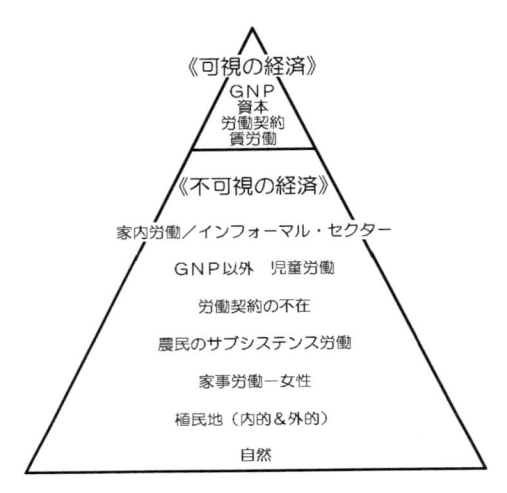

図1　持続不可能な経済のアイスバーグモデル
出典：ミース（2000）33頁より転載。

うなものだとして、ミースはこのような図を提示する（**図1**）。膨大な不可視の経済の領域の中に、おびただしい種類のインフォーマル・セクターの労働が生み出され、その氷山の水面上に、既存の経済学が対象としてきたペイド・ワーク、いわゆる「市場経済」がようやく成立しているに過ぎないというのである。

　そして、一般に近代化や開発によって、水面下の前資本主義的ないし非本主義的労働は、水面の上の市場経済の領域へと上昇すると信じられているが、いよいよ先進国ですらワーキングプアや労働の空洞化と言われる現象が見られるようになってきたことが示すように、事実はその「逆」である。

　ミースは、ウォーリングを批判する文脈で、見えざる領域が消滅しない理由について、次のように言っている。（ミース 2000）

・一般に技術革新が省力化により強制労働を減らし、人間を自由へと解放すると言われているが、この持続不可能な氷山モデルの経済システムにおいては、高くつく雇用は機械に置き換えられるとしても、安価なあるいは無償のアンペイド・ワークは減少せず、むしろ増加するだろう。

・近年、工業社会のエコロジカルな再編成が雇用を増やすという考えも聞かれるが、もしも、真に持続可能な、搾取を伴わない、ジェンダー的に平等な関係が実現するのであれば、生命の生産や環境の回復に必要な労働は、雇用や賃労働になるのではなく、男性と女性にとって自由な労働として行われることになるだろう。

・この経済システムを維持する限り、主に女性が担わされている低賃金の労働や無償労働は、雇用の組織化を支える土台であり続けるであろう。水面下のすべての労働が賃労働になることはないだろう。

アンペイド・ワークが消滅しないメカニズムについて、ミースらは次のように述べる。

・資本主義経済は、資本主義が作り出すことのできない命の生産の領域を、市場経済の成立と成長のための前提として必要とする。

・資本主義経済システムは世界規模に拡大する過程で、自らの作用によって、実際にはそうした領域を内部に取り込みながら拡大していった。そうして世界経済システムに包摂していくにも関わらず、イデオロギー的には常に、資本主義的に「正常ではない」もの、「非正規」なもの、近代化とともに「消滅するはず」の「遅れた」ものとして、蔑み、分断し、意のままに支配できる状態に留め置く。これが、資本主義の進展とともに、インフォーマル・セクターが消滅するどころか増大する理由なのである。

このような現状分析を踏まえ、ヴェールホフは、労働条件の行く末について次のように予測する。「プロレタリア」と「主婦」は、ともに近代によって生み出され、補完的な関係にある。しかし、その労働条件は対照的であり、「資本主義的労働諸条件及び生産諸関係の連続体の両極をなしている。……世界中のあらゆる労働諸条件は前資本主義的ないし非資本主義的というレッテルを貼られているものを含めて、すべてこの二つの極の間に位置している。今日では、奴隷労働、不自由な形態の賃労働、家内工業、とりわけ小農的生産、これらすべてが資本主

義的生産のこの連続体の上にある。そして、資本主義的生産のこの連続体は、家事労働の諸条件の方へ向かって徐々に移行しつつある」（ミース他 1995: 298）。世界中の労働条件は、雇用関係のあるペイド化された正常な正規雇用へ近づくのではなく、むしろ、景気調整弁として利用される非正規労働者から、アンペイド化された、無権利の24時間体制の無償の労働者までを含む「主婦」に似てくるというのである。いわゆる、「主婦化」理論である。

(3) 転倒した価値観

　そして、このサブシステンス・パースペクティブからこの持続不可能な氷山モデルを見れば、既存の生産、生産性、価値、豊かさといった既存の諸概念の価値観は転倒しているという。現在、例えば、巨大な開発を行えばGDPは上がり、搾取率が大きければ生産的であると言われる。開発による自然環境への負荷は計り知れないほど大きく、膨大な数の人々が故郷を追われ難民化するかもしれないにもかかわらず、リスクや自然への負荷は計算されていない。それに対し、目の前の子供や家族の命を維持し、生存や生活を支える活動（サブシステンス生産／再生産）は、間違いなく生産的であるにもかかわらず、GNPに計上されることもなく、経済活動ではなく価値を生まないとされる、家事労働は空気や水と同じように、ただで、無制限に使われている。

　アンペイド・ワークをペイド化し、全てを水面上の経済に含めて行く戦略は、グローバルな視点で見れば成立しない。人々の生命や生活を破壊し、自然を破壊し続ける、現在の経済システムでは、持続不可能である。では、自然と共生し、人間が生き続けられる、持続可能なシステムを構築するためにはどうすれば良いのか。ミースらは、前述のようなグローバルな構造の分析に基づいて「良い暮らし」という概念を根本的に見直し、この逆立ちしている価値観をもとに戻し、サブシステンス生産／再生産を中心に据えた社会へと世界を紡ぎ直していく必要があるという。ヴェールホフが、サブシステンスは、ユートピアン・ビジョンでもあるというのはこのような意味である。

（4）　サブシステンス概念

　サブシステンス（subsistence）という言葉は、現代の先進国において積極的な意味で用いられてはいない。「最低生活（生存）賃金 subsistence wage」や「最低生活水準 subsistence level」、「生存維持経済 subsistence economy」など、貧困や飢餓を連想させる用語であり、開発エコノミストたちは、アジア、アフリカ、ラテンアメリカなどの農村を開発によっていかにサブシステンスから引き上げるかを課題として躍起になってきた。

　その結果、80年代以降、そして、90年代にはさらに、開発と近代化の名の下に、開発援助、または、経済外的強制や暴力による租税、債務の取り立て、土地からの追い立て、生産物の不当な収奪などによって、膨大なインフォーマル・セクターが生み出された。それらは非正規の多様な労働条件である。ヴェールホフはこのメカニズムをローザ・ルクセンブルクにちなんで「継続的本源的蓄積過程」と呼ぶ。この世界経済システムの作動によってもたらされる過程を I. イリイチは「生存と生活（サブシステンス）に対する上からの戦争」（イリイチ 2006）とよんだ。

　こうした、グローバルな規模での、系統だった、大掛かりな、サブシステンスの破壊という状況の中で、ミースらは、サブシステンスに、いのちを繋ぐこと、豊穣、自立、互恵といった積極的な意味を見いだすのである。ミースは著書『サブシステンス・パースペクティブ』の中で、アイフェルの農家で 12 人の子供を育ていつも忙しく働いていた母について語る中で、「サブシステンスは重労働やギリギリの生存を意味するだけでなく、生きる歓びや幸福や豊穣を意味する」とのべる[3]。

　サブシステンスという言葉の原義に立ち返ると、それは、本来「生存」「生き続けること」あるいは「生命の営み」そのものを意味する言葉であった。生存の権利　（droit de Subsistance）は、人間のあらゆる権利や自由の根幹にある。このサブシステンス概念が、現代の先進工業国において、また、開発の推進者たちにとって、これほどまでに蔑まれ、駆逐されるべきターゲットとなってきたこと、これは偶然ではない。私たちの歴史過程、破壊的文明の本質の表出だったのである。まさに、このパラドックスこそが、ミースらがこの言葉を選び出した理由で

ある。

(5) サブシステンス・パースペクティブの労働観

　では、私たちが持続可能な社会へ向かうためには、現在の労働をどう捉え、未来に向かって、どのような労働概念を構築すれば良いのだろうか、そして、労働の質を捉える新たな分析軸はどのようなものだろうか。

　次に、ミースらの議論から新たな労働概念を捉える分析軸を考察してみたい。ミースは、日本来日公演において、「サブシステンス・パースペクティヴの原理」という文書を配布した[4]。

「サブシステンス・パースペクティヴの原理」（古田睦美訳）
　・普遍的な競争の代わりに互恵と協同を
　・自己中心的な私利私欲の代わりに他人への配慮を
　・自然の支配と搾取の代わりにすべての自然界の動植物に「地球家族」の一部としての尊敬を
　・永続的成長や際限のない欲望の代わりに「これで十分」といえる経済を
　・永続的な資本蓄積にかわって、人間の幸福を経済の目的に
　・さらなるグローバリゼーションに代わって、ローカリゼーションやリージョナリゼーションを
　・さらなる個人化の代わりに、コミュニティーの再建と強化を
　・国有に対する唯一のオルタナティヴとして私有を追求するのに代わって、共有（commons）の保護と再建を

　これらの諸原理に従えば、私たちのあらゆる関係や経済に関する諸概念のほとんどは変更されなければならないだろう。

　・男性と女性との関係。男性は女性と同じだけの無償のケアや養育をしなければならないだろう。
　・そこには支配や搾取の余地はない。これは双方にとっての解放となるだろう。

・人間と自然との関係。経済は自然の限界を考慮しなくてはならない。人間は
　もはや自分自身を自然の征服者とみなすことはできない。
・労働との関係。無償のサブシステンスな労働（生命の生産）は、社会的諸活
　動の中心となるだろう。賃労働は周辺的なものとなるだろう。
・生産者と消費者との関係、田舎と都会の関係。この関係はもはや「文明化さ
　れた」都市部と「文明化されていない」田舎という関係ではなくなるだろう。
・テクノロジーという概念やその性質。テクノロジーは、自然を支配し搾取す
　るための機械ではなく、自然と協同するための道具へと矯正されなければな
　らない。
・技術革新は人々の知恵や伝統に敬意を払わなければならないし、それらは民
　衆の手の中に留め置かれなければならない。
・経済という概念は変更されるだろう。経済は社会全体の単なる一部分となる
　だろう。それは「モラル・エコノミー」となるだろう。それは脱中心化され
　た、地域化（ローカライズ）された経済となるだろう。
・貿易と市場は変更されるだろう。地域の生産と地域の市場が地域の需要をま
　かなうだろう。遠距離貿易はサブシステンスな需要を満たすためには使われ
　ないだろう。地域の市場は様々な文化や伝統の多様性を保護するだろう。そ
　れらは文化的同一化に抗するだろう。
・貨幣は富の蓄積のための手段ではなくて循環のための道具となるだろう。
・食糧の安全は、貿易に依存せず、地域の生産、地域における自立と相互依存
　に支えられるものとなるだろう。
・不足という概念は豊かさという概念に置き換えられるだろう。
・サブシステンス社会は貧しく禁欲的な社会ではない。反対に、喜びと、豊か
　さと、生命の謳歌に満ちた社会、経済である。
・現在の経済の目的は、資本と貨幣の絶えざる成長だが、これは幸福という目
　的と置き換えられるだろう。
・ここには、人々がこれ以上賃金争奪戦を望む理由は何もないだろう。

以上の諸原則から、次のような分析軸が抽出されるのではないだろうか。

「競争－互恵・共同」「破壊－（自然・人・都市農村の）共生」「均一化－多様性」「格差・差別－公平・ジェンダー平等」「地域の解体－コミュニティーとコモンズの強化」「支配－自立・自由」。

ここから、例えばその労働がより、互恵・共同度が高く、よりコミュニティーとコモンズの強化に寄与し、より公平・ジェンダー平等を推進するものであるか否か、そうした基準で分析することが、よりサブシステンスに寄与する労働概念へと向かうための指標となるのではないだろうか。

3．終わりに──新たな労働概念についての論争よ、起これ

ここで実践的な問題意識から労働概念の革新について論じているA.ゴルツの議論に触れておこう（ゴルツ 1997）。彼は、著書『労働のメタモルフォーズ』の中で、ギリシャ哲学以来、労働というのは、「自由」対「必要」という軸で捉えられてきたという。つまり、必要だから労働しなくてはならないのであり、その対極として自由が構想されてきた。これは社会主義思想でも同じで、機械化によって必要な労働が省力化されて自由になっていくと考えられてきた。だが今や労働は「自律性－他律性」という軸でとらえ直されるべきであるとして、労働を次の3形態に区分する。

①経済目的の労働

　お金や商品交換が目的の労働で、質を問うていない労働。時間給や市場的価値に換算することができる。

②自分（たち）のための労働・家事労働

　商品交換ではなく直接的な結果を目的とする。個人や共同体の成員の幸福や開花が目的のものである。

③自律的な労働

　それ自体を目的として行われる自律的活動で、芸術、科学、人間関係、教育、慈善、相互扶助、自家生産等、人間を開花させ、豊かにし、意味と喜びの源泉になると感じられるすべての活動である。これは時間の勘定をする必要がない、時給いくらというようなことを考える必要がない領域、それ自体が喜

びとなるような労働である。

この分類にしたがえば、既存の経済学は①のみを扱って来た。そして、①以外は労働ではなく「余暇」のようなものとして扱われるか、あるいは、「愛の労働」として女性に強制された奉仕活動と考えられて来た。

②③の中には、確かにそれ自体が喜びであるような、自律的なものも含まれているが、無報酬で強制的で、行政の肩代わりであるような労働も含まれていた。これらの問題をどう扱うかをフェミニズムの家事労働論が提起したということもできる。

国際的なアンペイド・ワークの議論は、この②に分類される労働の中で、家族従業員の労働など、本来生産労働であるもの、家庭やコミュニティの内部に編成されており無償にされているが第三者原則にたてば「自分のため」だけではない労働であるものを現実の文脈の中で明確にし、支払われるべきものには支払いを求め、ジェンダー平等を政策的に牽引しようと企図するものであったということができる。

一般的に近代化によって、市場が拡大し、多くの労働が①のタイプになると考えられていた、これらは必要から生じ、誰かが担わなくてはならないがつまらない労働であり、技術の進歩とともに機械やロボットに置き換えられていけば良いと考えられてきた。しかし、本当にそうだろうか。

ミースらは、フェミニズムの家事労働論争や、エコロジー、そしてグローバルな経済・歴史システムの分析を踏まえ、サブシステンスの視点から労働概念を再構築しようとしている。

サブシステンス生産／再生産という労働概念は、A.ゴルツとの対比で言えば、ギリシャ以来の労働概念から離れ、使用価値の生産であり、必要性そのものに依拠した概念であり、同時に自由で自律的な豊かな人間の活動として労働を定義しようとしたものであるということができるだろう。

ハウスワーク2.0に描かれる高学歴女性のプチ起業、田園回帰、脱サラⅠターン田舎暮らしや「降りていく生活」のような、現金収入が減ったとしても、心豊かで、納得のいくものを作り多くを売ろうとはしない多様な収入源による生計など、新たな労働観、価値観が現れている。

　喜びは労働の後にくるものではなく、労働そのものが喜びであるような労働、必要に根ざして、目の前の誰かが直接喜んでくれる手応えのある労働、そういうものへの転換が起きている。

　グローバルな視野から、労働の空洞化、インフォーマル・セクターの増大という現実を考えるとき、今の現状の中で、全てが①のタイプになることを目指すことも、アンペイド・ワークの不平等性をそのままにして、必然的にアンペイド化を伴う②や③のタイプの「自由」な労働が増えることを礼賛することもできない。

　ただし、北欧を中心に先進国で目指されていた完全な雇用者カップル（1.0＋1.0＝2.0）の世帯収入は、南北格差の構造の上に成立していたのであり、世界中の全ての人のモデルにはなり得ないことがわかってきた今日、ペイド－アンペイドを超えて、目標とすべき新しいグローバルな水準の設定と、国際的な労働者の連帯が必要である。

　現在表出してきた、必要に根ざし、使用価値を正しく評価し、かつ直接的対面的な人間的喜びの価値を感じている、若い世代の新しい労働観を分析するには、「自律性－他律性」軸だけでは足りないと思われる。新たな労働概念を構築するためには、開発は何を壊し、何をもたらしたのかという現状を認識すること。その中で、何を守り、再建し、また、何に抵抗し、どちらへ向かって進むのかを視野に入れた労働条件のあり方を考察することが求められている。

　サブシステンス生産／再生産という労働概念は、使用価値の生産であり、必要性そのものに依拠した概念であり、同時に自由で自律的な豊かな人間の活動として労働を定義しようとしたものである。

　サブシステンス・パースペクティブの原則からは、「必要－自由」という軸で考えることから離れ、同時に「ペイド－アンペイド」「フォーマル－インフォーマル」軸で考えるのではなく、質的な側面、それがこれからのどのような関係や、社会関係の構築につながるのかを視野に入れた労働のあり方を考える上での示唆を得ることができるのではないだろうか。

〔注〕
1　マリリン・ウォーリング（1994）『新フェミニスト経済学』参照。ウォーリングは国連統

計委員会のコンサルタントを務めた経済学者。

2　古田（2007）に、コーディングリストの日本語版を所収。

3　M. Mies, M., Welhof, C. v., Benholdt - Thomsen, V. (1999) の introduction 所収。

4　2001 年 12 月に、生活クラブ創設 30 周年記念シンポジウムが横浜で開催され、古田のコーディネートのもと、M. ミースの招聘講演とシンポジウムが開催された。そのシンポジウムで配布された資料の抄訳である。シンポジウムの内容は下記に収録されている。「21 世紀の地球市民社会をつくる―グローバリゼーション・女性・サブシステンス」『生活クラブブックレット 21』(2002)、生活クラブ生協・神奈川。

〔参考文献〕

ドゥーデン, B., ヴェールホフ, C. v.（丸山真人訳）(1986)『家事労働と資本主義』岩波書店。

古田睦美（1997）「マルクス主義フェミニズム」『フェミニズム』新曜社。

古田睦美（2000）「アンペイド・ワーク論の課題と可能性」『アンペイド・ワークとは何か』藤原書店。

古田睦美（2007）「日本の世帯構造とアンペイド・ワークに関する世界システム論的研究」平成 15〜18 年度科学研究費補助金基盤研究（C）研究成果報告書。

グラットン, L.（池村千秋訳）(2012)『ワーク・シフト』プレジデント社。

イリイチ, I.（玉野井芳郎・栗原彬訳）(2006)『シャドウ・ワーク』岩波書店。

Smith and Wallerstein eds. (1992) *Creating and Transforming Households: The Constraints of the World-Economy*, Cambridge University Press, Great Britain.

マッチャー, E.（森嶋マリ訳）(2014)『ハウスワイフ 2.0』文藝春秋。

ミース, M. 他（古田睦美他訳）(1995)『世界システムと女性』藤原書店。

Mies, M., Welhof, C. v. and ,Benholdt - Thomsen, V. (1999) *The Subsistence Perspective*. Zed Books, London.

ミース, M.（古田睦美訳）(2000)「グローバリゼーションとジェンダー」『アンペイド・ワークとは何か』藤原書店。

ゴルツ, A.（真下俊樹訳）(1997)『労働のメタモルフォーズ』緑風出版。

ウォーリング, M.（篠塚英子訳）(1994)『新フェミニスト経済学』東洋経済新報社。

—— 日本労働社会学会年報第30号〔2019年〕 ——

企業別組合の公害問題への対応と
住民運動との関係

——富士市の公害問題を事例として——

鈴木　玲

(法政大学)

はじめに

　本稿は、労働組合が公害問題にどのように対応したのか、住民運動とどのような関係をもったのかについて、静岡県富士市の公害を事例に検討する。本稿の事例の検討は、主に二つの問題意識に基づいて行われる。第一に、公害発生企業の労働組合が組織として公害問題にどのように取り組み、住民運動との間でどのような関係を形成したのかである。第二に、公害発生企業の労働組合の組合員個人が地域住民あるいは市民として公害問題に向き合い、どのように住民運動に関与したのかである。本稿が検討する主な労働組合は、富士市最大の企業である大昭和製紙の労働組合（大昭和製紙労組）と、富士市に火力発電所建設を計画した東京電力の労働組合（東京電力労働組合〔東電労組〕）である。

　第一の問題意識は、これまでの労働運動研究であまり注目されてこなかった課題である。これまでの研究があつかった主な課題は、職場レベルの労働者の規制力や合理化への対応、工場や企業レベルでの労働組合と経営者の対立・協調関係、そして近年においては企業別組合や地域労組（コミュニティ・ユニオン）による非正規労働者や外国人労働者などの労働市場で不利な立場の労働者の組織化などである。それに対して、本稿があつかう課題は、職場や企業レベルの労使関係の枠組みを超えた、地域の住民の生活や健康にかかわる公害問題という社会問題への労働組合の対応である。

　公害問題は1960年代後半から70年代前半にかけて日本各地で深刻化し、それに伴い公害に反対する住民運動も活発化した。労働組合、とくに公害発生企業の

労働組合がこのような社会問題・社会運動の動きに対してとった態度や対応についての詳しく分析した研究は、水俣病問題に取り組み患者と連帯した新日本窒素労組（新日窒労組）の事例研究が例外としてあるものの（例えば、井上 2013; 石井 2015; 鈴木 2015）、管見の限りみられない。その理由の一つとして、社会運動研究者が左翼政党や労働運動を中心とする「古い社会運動」と環境、生活、ジェンダー、マイノリティなどの社会問題をあつかう「新しい社会運動」を二項対立的に捉え、資本主義の成熟とともに後者が前者に代わり社会変革をめざす勢力の主流となったという発展論的な歴史観をとったことが考えられる。道場親信は、そのような「新しい社会運動史観」に触れて、「……労働運動史の研究と『市民運動』『住民運動』史の研究とが交わることないまま、相互に無関心であるという現実を生」んだと指摘した（道場 2015: 139）。もう一つの理由は、労働組合や労使関係の研究者も労働運動と住民運動を二項対立的にみていたことである。これらの研究者が1970年代前半に発表したいくつかの論考は、公害発生企業の企業別組合が住民運動と距離を置く（あるいは対立・緊張関係をもつ）傾向にあることはある意味で組合の合理的な行動であると示唆した。なぜなら、これまでの労働組合論（労働組合の指導者やメンバーにも一定の影響力をもつ見解）は「労働組合を、『賃労働者』の組織として規定し、その基本的な機能を『雇用と生活条件の維持改善』にある」とする考えが主流であり、公害問題への対応を「射程外」としてきたためである（岡本 1971: 32）。また、仮に労働組合が経営者に公害対策や公害被害者に対する補償を要求した場合、「公害の処理や防止のための追加投資や、操業の一時停止や縮小にもとづくコスト増」に結びつき、「組合員の労働条件や生活権への脅威をもたらす」可能性が生じるとした（白井 1971: 9）。

　このような二項対立的な視角をとり、労働組合と住民運動の関係が希薄であったという前提を受け入れてしまうと、実際に存在した二つの運動の接点についての豊富な事例が見落とされてしまう。ここで、二つの運動の接点とは協力関係だけでなく、その対極にある対立・緊張関係、あるいはその間に位置する相互不信関係や部分的協力関係なども含む、幅（range）をもつものとする。またこのような視角は、第二の問題意識との関連において、公害発生企業の労働者個人が公害被害を受ける地域の住民あるいは公害問題に不正義を感じる市民として運動に

関与した可能性を見落してしまう。労働組合の組合員が、労使関係や労働組合という制度的制約から自律的に住民運動などの社会運動に参加できる程度は、いわゆる「市民社会」の成熟度の一つの指標としてみなすこともできる。そのため、ごく少数であっても自律的判断で住民運動に参加した労働者（組合員）の存在は、重要ではないかと考える。友澤悠季は、個人として公害問題を告発した労働者のいくつかの事例を挙げて、「組織からではなく、個別の経験から……職業に基づく組合組織に属する個々人が、公害現象をきっかけにどのような社会的役割を果たしたのか考える必要がある」と指摘している（友澤 2018: 21）。ただし、公害発生企業で働く労働者の内部告発や住民運動への関与についての資料は、新日窒労組、ゼネラル石油精製労働組合、エチル化学労組などの組合員の記録（例えば、『月刊地域闘争』〔ロシナンテ社〕の各号に掲載されている記事を参照）以外にあまり存在せず、富士市の公害問題の事例で利用できる資料も非常に限られたものになる。

　本稿は第1節で1960年代後半から深刻になった富士市の公害の実態と公害に反対する住民（市民）運動[1]（富士市公害対策市民協議会〔市民協〕など）の形成について検討する。また、同節は公害問題の文脈として、富士市が同市最大の企業である大昭和製紙の「企業城下町」であり、住民が同企業に対して声を上げづらかったことを指摘する。第2節は、大昭和製紙労組の労使協調的な路線について検討する。そのうえで第3節は、1970年前後から深刻化した公害問題に対する大昭和製紙労組の対応と住民運動との関係について検討する。同節は主に第一の問題意識に基づいて事例を検討し、大昭和製紙労組が公害問題について主に企業内での対策をとり住民運動と距離を置き、組合と住民運動の関係が相互不信で特徴づけられたことを指摘する。第4節は、第二の問題意識である公害発生企業の組合員個人の住民運動への参加について考察する。同節はまず、住民運動に参加した大昭和製紙労組の組合員がほとんどいなかった理由について検討する。そして、もう一つの（潜在的な）公害発生企業である東京電力の労働組合（東電労組）の少数の組合員が富士市の公害反対運動へ関与した事例について検討する。また、富士市の他の労組の組合員個人の住民運動への参加についても簡単に触れる。本稿は最後に、富士市の公害を事例とした労働組合と住民運動の関係の特徴

についてまとめるとともに、今後の研究の課題について述べる。

1．富士市の公害問題と住民運動

　製紙産業を基幹産業とする静岡県富士市は、「公害のデパート」と呼ばれていた町である。住民運動のリーダーである甲田寿彦は、富士市の公害を「産業公害といわれるものなら手当たり次第抱え込んでしまった無秩序の町」だとし、「大昭和〔製紙〕を大発生源として大小150余の製紙工場群は川と海を汚染し、水資源を枯らし（塩水化）、騒音、芒硝、悪臭、煤煙、亜硫酸ガスの放出は企業優先の原則に支えられて、ありあまる自由を保証されて来た」と論じた（甲田 2005: 32）。製紙工場からの排水による田子の浦港のヘドロ汚染はよく知られているが[2]、大気汚染の状況も酷く、1日あたり180トン放出される亜硫酸ガスは「四日市なみ」だとされた（神原 1970: 150）。大昭和製紙富士工場と大興製紙の工場の隣接地区（藤間地区）では、多くの子どもが喘息に罹患した。また、大昭和製紙鈴川工場の隣接地区（今井地区）ではクラフト法のパルプ工場から排出されるチップの粉塵、芒硝（硫酸ソーダの粉塵）、悪臭による住民や建物への被害が酷かった。1968年3月に東京電力が富士市の富士川の左岸に火力発電所の建設を申し入れたため、既存の公害被害がさらに激化する可能性が生まれた。なぜなら、発電所が建設されるとすでに排出されている1日当たり180トンの亜硫酸ガスに加え、（1.5パーセントの硫黄分の場合）1日150トンの亜硫酸ガスが排出されることになるためである（神原 1970: 151）。

　火力発電所の建設計画は、公害に反対する全市レベルの住民運動団体（富士市公害対策委員会〔市民協〕）が結成される契機となった。市民協は1968年1月の準備会の結成を経て、同年4月に正式に発足した。市民協結成以前から、富士市の公害被害の集中した地区で住民運動が形成されていた。今井地区の住民は騒音問題で60年代中頃から大昭和製紙と交渉を行ってきたが、67年12月に同地区に「公害対策委員会」が結成された（飯島編 2007）。また、喘息の子どもたちの多い藤間地区では、若い親たちが子どもたちの健康を公害被害から守るために「藤間かえる会」を66年につくった（中島, 西岡 1969: 98）。市民協の参加組織は、

労働運動関係の地域組織（富士地区労働組合会議〔富士地区労〕[3]、富士市勤労者協議会〔勤労協〕）、社会党、共産党の地域支部、および住民組織（今井公害対策委員会、藤間かえる会など）であった。市民協は、「団体と個人加盟の両立方式」をとっていたが、「この組織でいざ何かやるというときには、どうしても縦の筋〔団体〕を通じての協力の要請」となり、市民運動としての弱みがあったとされる。例えば、市民協で中心的役割を果たしたのは、集会に多くの組合員を動員することができた富士地区労であった（杉山他 1969: 78、芦川 2005: 89-90）。

　富士市（とくに富士市東部の旧吉原市）は、同市の最大の製紙会社である大昭和製紙の企業城下町的性格が強かった。旧吉原市の市長で、1966年に旧吉原市、旧富士市、鷹岡町が合併して生まれた新富士市の市長になった斎藤滋与史は、同社社長の実弟であった。大昭和製紙による同市の経済と自治体の支配については、同市についての以下の叙述からも窺うことができる。

　　大昭和製紙によって蟻のはいだす隙間もないほど完璧に支配されていると思われた富士市。鈴鹿〔ママ、鈴川の誤り〕、富士工場など市内のいくつかの紙パルプ主力工場、系列の数十の紙パルプ工場、下請け工場の従業員とその家族だけではない。商業、運送、埠頭、園芸、山林、観光あらゆるものが斎藤家に握られている。……いや、なによりも大昭和製紙の斎藤了英社長の実弟・滋与史重役が富士市長である。市議のなかに、これまたゴマンと息のかかった斎藤派がいることはいうまでもない。（田村 1971: 83-84）。

　このような支配構造のなかで、公害被害が集中した今井地区などの住民を除き、多くの市民が「生活のためには少々の公害もやむなしという意識」をもち公害に対して沈黙していたとされる（田村 1971: 84）。

　市民協は、富士市における強い企業支配の状況のなかで結成された。市民協の甲田会長は、同組織が「大昭和の支配体制にたいする最初の、組織的な批判勢力という性格」をもつと論じた（甲田 2005: 33-34）[4]。市民協を結成することができたのは、公害反対運動の当初の対象が表立って抗議しづらい大昭和製紙ではなく、公益企業である東京電力とその火力発電所建設計画であったためだとされる。

田村紀雄は、「市民は東電の公害に反対することによって大昭和の公害をあてこすった」と指摘した（田村 1971: 84-85）。市民協の当初の活動は、スライド「富士市の公害」の作成とそれに基づく学習会の開催、富士市長に対する火力発電所問題の「公開懇談会」の開催の申入れ（市長は申入れを断った）、同市市議会議員全員への公害問題にかんする公開質問書の送付、火力発電所建設反対の街頭署名、東電姉ケ崎火力発電所の自主的な視察などであった（『岳南市民新聞』[5]の諸記事を参照）。69年になると、市民協を中心とした反対派は、抗議行動を活発化させた。富士市議会が1969年2月から3月にわたり火力発電所建設の承認を強行しようとしたため、多数の反対派の住民（富士市だけでなく富士川町の住民も参加）は、議会の承認を阻止するため議会につめかけ「議場乱入」などの実力行使を行った。とくに3月25日には機動隊が導入され、29日には乱闘事件となった（多くの住民が警察から乱闘事件について出頭要求を受け、うち2人の運動指導者が逮捕された）（落合 1971: 90-92、飯島編 2007）。市議会は結局、同年7月に発電所建設を承認してしまうが、その後田子の浦港のヘドロ汚染が全国的に注目をあびたこともあり、発電所建設計画はいったん頓挫した。

　田子の浦港のヘドロ汚染問題は、とくに1970年にメディアの注目をあびた。同年8月9日に行われた「ヘドロ公害追及・駿河湾を返せ・沿岸住民大抗議集会」（実行委員会の委員長は甲田市民協会長）では、駿河湾沿岸の数千人の漁民が海上デモを行い、約4,200人の労働者や市民が田子の浦港の埠頭での抗議集会に参加し、その後大昭和製紙鈴川工場の正門までデモ行進をした。この集会の取材のために訪れた報道陣は約250人で、この数は同日の総評大会や長崎の平和式典の報道陣の規模を大きく上回ったとされる（『岳南市民新聞』1970年8月4日、8月11日付）。また、この頃までには、富士市の市民が大昭和製紙に対して表立って抗議することは「タブー」ではなくなったと考えられる。

2．大昭和製紙労組の労使協調路線

　大昭和製紙労働組合は、1946年2月に結成された（47〜49年まで「大昭和製紙従業員組合」という名称が使われた）[6]。同労組は労使協調を基本路線として、

経営者との労使対立や労働争議を経験していない。1969年12月現在、同労組の組合員数は、6つの支部で約6,100人、うち3つの富士地区の工場支部（鈴川、富士、吉原吉永）の組合員は約3,900人で全体の64パーセントを占めた（『大昭和労組』1970年1月20日付）。大昭和製紙労組は全国紙パルプ労働組合連合会（紙パ労連、総評加盟）および同組織の東海地方本部（東海地本）に加盟していた。同労組は、静岡県評に紙パ労連東海地本を通じて参加したものの、富士地区労には加盟していなかった。富士市では、総評、中立系の労組が参加する地区労が中心とするメーデーと、同盟系の労組のメーデーが別々に行われていたが、大昭和製紙労組はどちらにも参加せず独自のメーデーを実施した（74年から地区労のメーデーに参加した）。

大昭和製紙労組の労使協調路線を象徴する出来事が2つある。第一の出来事は、1962年3月の第17回定期大会における組合の基本方針をめぐる論争である。同労組の基本方針の一つである「労使協力して、労働条件を向上します」に対して、「統一と団結して、労働条件を向上します」とする修正案が提出され、長時間の議論の後に修正案が過半数で採択された。修正案の提出の理由は、「労使協力は一般組合員に誤解され易い。又労使協調と労働条件の向上は、どう考えても結びつきがうすい」というものであった。しかし、大会最終日の3日目に、組合本部は「労使協力と言う基本線を消してしまっては執行部として執行の責任を負いかねる」として基本方針の再審議の緊急動議を出した。さらなる討論の結果、大会は "統一と団結" は再確認するとともに "労使協力して相互の発展に努力する" の基本方針をも折り込」んだ1962年の運動方針を決定した（『組合だより』1962年4月5日付、『紙パ労連』1962年3月28日付）。一部の代議員はいったん採択された基本方針が「執行部によってくつがえされた」ことに強い不満を表明したが（『組合だより』1962年4月5日付）、労使協調を志向する執行部に反対する少数派が組合内に存在し続けたのかは定かではない[7]。

労使協調を象徴する第二の出来事は、大昭和製紙労組が1964年の吉原市長選挙で斎藤滋与史候補（前大昭和製紙副社長）を支援したことである。この選挙は、吉原市長の急逝に伴い実施されたもので、吉原市の前助役の土屋政吉候補と斎藤候補の一騎打ちとなった（64年1月16日の選挙で斎藤候補が僅差で勝利）。どち

らも保守系候補であったが、革新勢力は大昭和製紙による市政の支配を批判して、土屋候補への支持を表明した（『岳南市民新聞』1964年1月10日付）。大昭和製紙労組は、斎藤候補への全面的支援を表明し、「組織内外に多くの問題をかかえながら、選挙にはつきものの数多いデマや謀略を、そのつど統一と団結の力で排除し、最終目的である勝利を得た」（64年3月の第19回大会での中央執行委員長挨拶）と選挙戦を総括した（『組合だより』1964年4月5日付）。

　大昭和製紙労組は、労使協調路線に基づき生産性向上運動に賛成する方針をとった。同労組は、「主張　生産性向上と労使関係　労使共に前向きな姿勢で」で、生産性向上が企業の利益追求を中心としたものでなく、雇用拡大、賃金水準の向上、社会福祉の増大に結びつくものであることを前提に「是非とも生産性向上運動に同調し、積極的に協力」すべきだと論じた。また、生産性向上に見合う賃上げや時短が行われていない場合があるものの、生産性向上自体が問題だとするのは誤りで、労働組合が「労使対等の立場」で労使間の成果配分の問題を解決していくことが重要であると主張した（『組合だより』1963年2月5日付）。同労組の生産性向上運動に賛成する態度は、上部団体である紙パ労連の立場と異なった。紙パ労連は、1966年の第38回定期大会の議案書で、生産性向上運動が「『合理化』攻撃のなかで、主要な資本の武器」であり、「労使間の階級対立を、おおいかくす思想攻撃」だとして、「『生産性向上』を理由とした合理化に反対して闘いを発展させる」ことが重要だと主張した（紙パ労連 1966）。

　労使協調路線をとる大昭和製紙労組は、紙パ労連の階級闘争的な路線に対する批判的姿勢を隠さなかった。同労組は、「主張　紙パ労連の方針と大昭和労組」で、第38回紙パ労連の「格調高い」方針について「私たちの組合のそれ〔方針〕とは、大きな開きがあると」と評し、労使間の妥協を評価しない「闘争至上主義的な労連の行き方には問題がある」と論じた。また、紙パ労連が取り組むべきとする政治的課題（社会保障や全国一律最賃問題、ベトナム反戦、原子力潜水艦寄港反対、日韓会議反対など）については、「組織内部のことで追い回されている実態で……組合内部で、これらの問題を討論できる体質や余裕がない」と主張した（『組合だより』1965年8月5日付）。しかし、大昭和製紙労組は産業別組織の団結を重視して、紙パ労連を脱退しなかった。同労組は、生産性向上運動や合理

化の考え方の違いから紙パ労連から脱退する組合が相次いでいることについて、「むしろ〔紙パ労連の加盟組合の〕そのように異なった意見を巾広く集約し、統一した要求や活動にいかにむすびつけるかが重要」であり、労働組合の団結を重視する立場から「いかなる理由があっても分裂は避けなければ」ならないと主張した（大昭和製紙労組 1976: 83-84、『大昭和労組』1970年8月14日付）。

3．大昭和製紙労組の公害問題への対応と住民運動との関係

本節は、大昭和製紙労組が公害問題に対してとった方針と公害対策をやや詳しく検討するとともに、市民協などの住民運動と具体的にどのような関係をもったのか、両者の関係の性質を「対立」や「無関心」などと単純に割り切ることを避けて分析する。

（1）大昭和製紙労組の公害問題への対応と対策

大昭和製紙労組が機関紙『大昭和労組』で公害問題を最初に取り上げたのは、1969年の第29回定期大会の議案においてであった。議案は、「紙パ業界にとって今後宿命的な問題に廃液・排気・粉塵・騒音公害があり、企業自体積極的な公害防止対策をもって防止の方向に取り組まない限り、世論のすう勢として、公害問題はますますきびしさを増し、企業の発展は望めません」と指摘し、「特に公害発生源に働く労働者として、職場の安全衛生を確立することが、公害をなくすたたかいに結合できると信じます」と述べた（『大昭和労組』1969年8月25日付）。同議案の公害対策がやや抽象的なものに留まっていることは、同労組が公害問題をまだ差し迫った問題として捉えていないことを示唆する。これは、この年の市民協を中心とする公害反対運動の争点が東電の火力発電所建設問題であり、大昭和製紙が公害発生源企業として批判の矢面にまだ立たされていなかったためであると考えらえる。

1970年に入ると、田子の浦湾のヘドロ問題と住民や漁民の抗議行動が全国的に注目されるようになり、大昭和製紙がマスコミの批判の矢面に立たされるようになった。1970年の大昭和製紙労組の第31回定期大会では、「公害問題が論議

の中心となり、さながら公害大会」であったとされる（大昭和製紙労組 1976: 102）。同大会の議案は、富士公害がクローズアップされ「直接当社が渦中にあるだけに大昭和労組として態度が注目され、NHK、新聞、雑誌の取材」を受けたと報告した[8]。公害問題への取り組みの姿勢としては、「まず企業のなかにおける公害防止の取り組みを強化していくことが大切」であり、「職場の公害防止を積極的に進める」として、前年の大会に続き職場の安全衛生の確立と公害防止を結びつける考え方を重視した。また、議案は公害の取り組みの前提として、「企業内の組合である現状において、また、生活の基礎を企業においている以上、企業を存続させることは当然」である主張し、労働者の生活を脅かすような公害対策に反対する態度を示した（『大昭和労組』1970 年 8 月 14 日付）。賀来武彦中央執行委員長は大会の挨拶で、田子の浦港のヘドロ汚染対策について「操業停止、操業短縮の要求、意見もありますがこのことは私たちの生活を不安におとし入れるものであり、労働組合としてこれを安易に支持するわけにはいかないと思います」と述べるとともに、操短、操業停止が大昭和製紙の労働者だけでなく「富士市 18 万市民のうち、紙パルプに携わって生活している 8 万の市民」の生活にも影響すると懸念を示した（『大昭和労組』1970 年 10 月 5 日付）。このように大昭和製紙労組は、田子の浦港のヘドロ汚染がメディアに取り上げられ社会問題化するなかで公害問題への対応を迫られたが、操業停止のような組合員の経済的利益を犠牲にする公害対策には反対する立場をとった。

　大昭和製紙労組は、どのような公害対策をとったのか。同労組は、職場の安全衛生の確立と公害防止を結びつけ、組合独自の点検活動を行い、問題点を労使交渉で解決する対策をとった。1971 年の第 32 回定期大会議案は、「職場に安全衛生を確立する」ことで公害対策を行うことを基本姿勢とし、組合の「安全パトロール」により「騒音、有害物質、水質、大気汚染などの環境を定期的にチェックし、その都度改善要求をし、中央労使協議会、支部労使協議会、社安全衛生会議、工場安全衛生委員会のなかで積極的な防止策を要求」するとした。72 年の第 35 回定期大会議案も、ほぼ同様の内容の対策を提示した（『大昭和労組』1971 年 8 月 25 日付、1972 年 9 月 5 日付）。組合の「安全パトロール」は、1963 年から職場の安全衛生の確立を主な目的として工場内で行われてきたが、69 年に設立

された組合公害対策委員会は、新たに工場周辺も含む「環境パトロール」も開始した（大昭和製紙労組 1976: 102、『大昭和労組』1971 年 8 月 25 日付）。また、地域の住民と一定程度の結びつきをもった対策も取られた。大昭和製紙労組鈴川支部は、公害の発生状況の調査をするために、6 つの地区別に「毎日公害のおきた状況をチェック」をする「モニター制度」をつくった。40 人程度のモニターは、地域に住む「組合員のおくさん」が主力であったが、「組合員以外の地域のそういうこと〔公害問題〕に興味をもっているおくさん達」も含まれた。「マンネリ化」を防止するため、モニターは 3 カ月程度で「どんどん交替」をしたとされる（月刊紙パ 1972: 53）。

　パトロールやモニターによる情報収集と労使協議を通じた問題解決をめざした大昭和製紙労組の公害対策は、職場の安全衛生問題を解決し、また公害の発生を防止あるいは軽減するうえでどの程度影響力をもったのか。同労組の 72 年度の活動総括は、「排水対策〔、〕大気汚染対策、臭気対策〔、〕騒音対策など一連の公害防止施設の完成をみ、その効果を十分発揮して成果をあげてい」ると指摘し、中央労使協議会で「〔会社の公害〕防止施策の進行状況、効果などについ話し合い確認」したとして、組合が会社の公害防止施設導入に一定の役割を果たしたことを示した（『大昭和労組』1972 年 9 月 5 日付）。

　他方、工場の現場からの批判的な指摘もあった。民主青年同盟（民青）の機関誌『青年運動』の記事「富士市における青年の公害闘争のとりくみと展望」は、大昭和製紙などの製紙工場の現場の酷い状況を告発したものであるが、その含意として公害発生源である職場の安全衛生問題に、組合が十分対応していないことを示した。同記事は、製紙工場の職場について「木材、チップを溶解してパルプをつくる過程で塩銅・カ性ソーダなどの大量の薬品から発生する有毒ガスは、ほとんど未処理のまま工場内に充満し、鼻や眼を刺激」する状況であるとし、「こんなところに一生勤めていたら殺されてしまう、どこかほかへ移りたい」とする大昭和製紙のある青年労働者の発言を紹介した。また、生産現場の 90 ホーン以上の騒音により労働者は難聴に悩まされたとされる（中井 1970: 77）。もし、このような状況が大昭和製紙の多くの生産現場の実態であったとしたら、組合は積極的に労働安全衛生対策に取り組むことが期待され、その過程で公害の発生の軽

減にも貢献したはずである。しかし、大昭和製紙労組の機関紙に掲載された記事からは、職場の安全衛生対策が公害防止に結びついた具体的事例（例えば、公害を防止するため生産過程で有害物質の使用を軽減あるいは止めさせた事例）を見つけることができない。組合は、職場の安全衛生の確立と公害をなくすたたかいに結合すことを方針上では強調したが、実際はそのような方針を実行するほどの職場規制力をもっていなかったとみることができる。

（2）大昭和製紙労組と住民運動との関係

大昭和製紙労組と住民運動の関係は、相互不信に基づいていたといえる。同労組は、公害発生企業の組合としての社会的責任をもつとしたものの、上で述べたように工場の操業停止・短縮の要求に強く反発した。また、組合を加害者として非難する住民運動に対して不信感を示した。他方、住民運動（とくに工場の近隣地区の住民やヘドロで漁場を汚染されて被害を受けた漁民たち）は、公害の被害を直接受けているため、すぐにでも工場の操業を停止して抜本的対策を求め、公害問題に積極的に動こうとしない組合を批判した。しかし、以下にみるように大昭和製紙労組と市民協や市民協の構成組織との間では、限定的であったものの一定の接触があったようである。

大昭和製紙労組の市民協をはじめとする住民運動への態度は、組合大会の議案や組合役員の発言に示された。同労組の1970年大会の議案は、公害対策をまず企業内で取り組みを強化すべきであり「ただ単に市民協に加入したりあるいは行動に参加することのみがすべてではな」いとして、公害対策をめぐり組合と市民協の間に距離があることを示した。賀来武彦委員長は同大会での挨拶で、公害対策で住民の声を反映させることは重要であるとしたものの、市民協について「〔同組織の〕ある一部の人は、公害発生源に働いている労働者を加害者扱いにし、企業に飼い慣らされた奴隷だと一方的にきめつて」いると厳しく批判した（『大昭和労組』1970年8月14日付、1970年10月5日付）。また同労組は、組合が住民運動と良い関係を築けないのは、住民運動側の態度にも責任があると主張した。賀来委員長は『月刊いのち』の座談会「公害と労働組合　いわゆる発生源企業の労働組合として」で、組合員が公害の被害を受けている地域の町内会の話し合い

に参加すると、「おまえのところから出して」いると住民たちが感情的になり、組合員が突き上げられたため、組合員が会合に出にくくなり、地域の人たちから距離を置くようになったと指摘した。そして、地域の住民からの批判により、組合員全体が委縮して「自分たちの職場からそれ〔公害〕をなくそうという運動に返ってこない」と述べ、住民たちの態度が組合員の公害問題に積極的に取り組もうとする動機を弱めたと論じた（賀来他 1971: 99, 103）。

　住民運動の組合に対する不信感は、運動の指導者の発言や住民アンケートの回答などから窺うことができる。市民協の会長である甲田寿彦は、公開自主講座「公害原論」での講義「富士公害と私」（1971年5月）で、「私たちの住民運動で大企業はほとんど参加している人がいません」、「大昭和の労働者というものはほとんどやっておりません」と述べた（甲田 1971: 27）。また労働組合が公害反対運動にどのように関与したのかという質問に対して、以下のように述べた。

　　……富士地区の労働者の数、紙関係の労働者は1万2千ぐらいですね。そのうち大昭和は5千ぐらいあるんです。……個々のね、一人ひとりの思いのなかにはいろいろなものがあると思いますけんども、労働組合という組織として公害に取り組んだことは、今まで一度もありませんね。非常にこれはもう、さっぱりしてますよ。……全然そういう運動には入ってきておりません。……この3つの〔大昭和、日産、旭化成の〕大きな労働組合というのは、まさに企業家のような誇り高い組合員ですね。（甲田 1971: 37-38）

　甲田は宇井純らとの座談会でも、大昭和製紙労組などの大企業組合が「公害反対運動には全然そっぽを向いて」おり、住民運動にとってこれらの組合が頼りにならないと不信感を示した（宇井、本田、甲田 1970: 34）。

　大昭和製紙労組に対する不信感は、鈴川工場の被害を受けている今井三町（今井本町、今井東町、今井毘沙門町）の住民を対象に実施した「第1回今井三町公害意識調査の集約」によっても示された[9]。この調査は、今井地区の公害対策委員会により同地区504戸を対象に行われ、うち459戸から回答があった（実施時期は不明、調査の集約は1970年8月の日付になっている）。この調査の公害被害

の意見（自由回答）では、公害被害（煤煙、悪臭、ガス、騒音、振動、芒硝、ヘドロ、家屋への被害、子どものぜんそく、など）に対する苦情に加え、公害が除去されるまで工場の操業停止を求める意見も多くみられた。また、公害運動についての意見（自由回答）では、大昭和製紙の経営者に不信感をいだく意見が多く出されたが、住民の不信感は以下のように組合にも向けられた。

　　──大昭和従業員の皆さんは労働をして給料をもらっている、だから自らの労働条件と環境を守るために一緒に公害運動に立ち上がってほしい、子、孫のことを考えるなら、運動の先頭に立てとは云いません、然し無関心、非協力はゆるされないと思います。
　　──従業員こそ発生源がわかるはづ、社内（組合）で対策をたてる気はないか。

　今井地区の住民たちの大昭和製紙への不信感はかなり根深いものがある。同地区の公害対策委員会は、公害の軽減と被害の補償について大昭和製紙と折衝を続けてきたが、芒硝の散乱や騒音などの公害が改善されるどころか、より酷くなる状況であった。そのため、住民たちが1970年2月に「総決起大会」を開き、その後住民代表数百人が同社に「押しかけ」て抗議した（『岳南市民新聞』1970年2月17日付）。このような住民の会社に対する憤懣が、公害問題に積極的に取り組まない同社の労働組合にも向かったとしてもおかしくはない。
　このように大昭和製紙労組と住民運動は相互不信関係にあったが、全く接触がなかったわけではない。例えば、紙パ労連東海地本と市民協は1970年12月に初めて正式な会談を行い、大昭和製紙労組も参加した。会談では、「公害問題でお互いに疎遠になったことの反省」、「発生源に働く労働者と労働組合の役割その努力」などの課題が話し合われたとされる（『紙パ労連』1971年1月17日付）。また、紙パ労連が加盟組合に行った「公害に関する調査」（1971年2月に集約）によると、「組合・支部と地域住民、共闘組織との交流や共闘の状況などの取り組み」についての質問に対して、大昭和製紙労組の富士支部と吉永吉原支部は、どちらも「市民協主催の公害学習会に積極的に参加」していると回答した（月刊紙パ

1971: 22)。これまで検討してきた大昭和製紙労組の市民協に対する批判的態度からみると、組合支部が市民協の学習会に「積極的」に参加したことは（この回答が事実だとしたら）かなり意外な印象を拭えない[10]。しかし、これらの大昭和製紙労組の支部と市民協の間で何かしらの接触があった可能性を、この回答から読み取ることができる。また、大昭和製紙労組は、公害問題についての「地域住民の意向を吸収」するために市民協に参加する地区労や勤労協（同労組はどちらにも加盟していない）と役員レベルで交流をもったようである（『大昭和労組』1970年8月14日付、大昭和製紙労組 1976: 102）。

　第2節と第3節は、大昭和製紙労組の労使協調路線、同労組の公害問題への対応・対策と住民運動との関係をそれぞれ検討した。同労組は、組合員の生活を不安に陥れるとして工場の操業停止に反対し、パトロールやモニターによる情報収集と労使交渉を通じた問題解決という「内向き」な公害対策をとった。同労組がこのような「内向き」な対策をとった背景として、公害が社会問題化する以前に形成された協調的で安定した労使関係が重要だといえる。第2節でみたように、同労組は労使対立や労働争議を経験しておらず、賃上げや雇用安定などの経済的問題についての団体交渉や労使協議を通じた労使間の話し合いの手続きが制度化されていたと考えられる。組合はこのような安定した労使関係に「埋め込まれて」いたために、公害問題という新たな社会問題に直面したとき、企業外の住民運動と連携をするより、確立された労使関係制度内の問題解決を志向し、住民運動と距離を置いたといえる。しかし、労働組合は公害問題について「一枚岩」であったのだろうか。1962年の組合大会で労使協調路線をめぐり論争が起きた（第2節参照）。その後も労働組合内部である程度多様な意見が存在し続けたのなら、一部の組合員は公害問題についても組合執行部とは異なる考えをもった可能性があるが、組合の機関紙からは、そのような少数意見を明確に示した記事を見出すことができない。公害問題について組合員の発言が抑圧されていたという指摘もあるが（後述）、組合という制度的制約を離れて、個人として企業外の公害反対運動に参加した組合員はいなかったのだろうか。この問いへの応答については次節で検討する。

４．組合員個人の住民運動への参加

　これまでみてきたように、大昭和製紙など公害発生企業の労働組合が公害反対運動と協力関係を結ぶことは、組合が安定した労使関係に埋め込まれていて、労使協議を通じた内向きの公害対策を志向する限り難しい。また、公害発生企業の労働組合の組合員が個人として公害反対運動に参加することも、組合の組織統制が強い場合は難しい。大昭和製紙労組も組織統制が強い組合の一つである。例えば、組合集会で組合員が公害問題を発言しようとすると、「すぐに職制から『なかの労働者が、地域を刺激するような発言をしてはまずい』と圧力」がかけられるという指摘がされている（池上 1971: 219）。また、大昭和製紙の匿名の労働者がジャーナリストのインタビューで、「少なくない」組合員が会社は操業短縮をしてでもヘドロ問題の解決をすべきと考え、公害反対の住民運動にも好意的態度を示しているものの、このような意見を「職場では口に出していうことはタブーとなっている」と発言した。そして「恐らく大昭和四工場、4,000人の労働者の中で、市民協に飛び込んで公害反対運動をやっているものは皆無といっていい」と述べた（飯田 1970: 414）。この発言が他の組合員の意見をどの程度正しく捉えているのかは不明であるが、大昭和製紙の企業城下町的性格が強い富士市で、組合員が組合の公害問題への対応や対策に公然と反対し、雇用主である「城主」と対立することにもなる市民協の活動に参加することは非常に困難であったことを窺うことができる。

　本節は、組合員の住民あるいは個人としての住民運動への参加の事例として、富士市に火力発電所建設を計画した東京電力の労働組合を取り上げる。同労組の少数の組合員は、市民協に参加し、同社の火力発電所建設反対運動で活動した。先にみたように、火力発電所が建設されると富士市の既存の公害がさらに激化することになり、東京電力は潜在的な公害発生企業とみなされた。東電労組は、同盟系の電力労連に加盟し、民社党を支持した。また、同労組は労使協議を通じた労使間の諸課題の解決、労使間の相互理解を重視した労使協調路線をとり、同社が推進した原子力発電所建設を組合の立場から支持した（鈴木 2012）。東電労組は同様に火力発電所建設推進にも協力した。同労組の沼津支部は1970年度運動

方針で、「富士川火力建設に対する諸活動の展開に活動の力点を置く」としている（森井 1971: 83）。また市民協の会長の甲田寿彦は、沼津支部について「死にもの狂いで〔富士川〕火力進出の使い走り」をしていると評した（甲田 2005: 34）。

　しかし、東電労組および他の電力会社の組合には、社会党を支持し、総評の路線を志向する「反主流派」の組合員が、賃金、昇進、配転などで厳しい差別を受けながら活動をしていた（岩田 1970: 48-49）。東電労組の沼津支部でも、反主流派の「有志7人グループ」が反合理化、反電力労連の立場をとり、地域の革新運動にも積極的に関与した。東電の富士川火力発電所計画が明らかになると、「真っ先に批判の矢を放」ったとされる（堀田 1972: 86）。

　東電労組沼津支部の反主流派グループは、地方議会に議員を出し、住民運動にも参加した。7人のうち2人が富士市と熱海市の市会議員、1人が芝川町の町会議員であった（堀田 1972: 86）。またこれらの活動家は、市民協の構想づくりと結成準備に「裏方」として参加した。しかし、市民協の運動が活発になってくると「裏方」も表に顔を出さなくてはならなくなり、とくに2人の東電労組組合員は「市民協になくてはならない指導者」となったとされる（森井 1971: 77-78）。このグループのリーダー的役割を担った平野康夫富士市議会議員は、合併後初めての富士市市議選（1967年）に東電社員のまま社会党から立候補し当選した（堀田 1972: 87）。平野議員は、保守派が大多数を占める市議会のなかで住民の立場から公害問題について発言する数少ない議員の一人となった。平野議員は1969年12月に東電を退職したが、その理由として「東電社員と政治活動とのジレンマ」が挙げられた（『岳南市民新聞』1967年6月21日付、1969年12月17日付）[11]。

　東電労組沼津支部の反主流派グループは、同労組の厳しい組織統制や経営側の圧力に拘わらず、住民運動に参加した。このグループは社会党支持という党派的性格をもったものの、グループが住民運動に参加した動機は、それぞれの活動家がもった富士市の公害の実態についての問題意識であったと考えられる。例えば、平野市議の自宅は大昭和製紙鈴川工場に隣接する今井地区にあったが（『岳南市民新聞』1970年3月20日付）、この地区に居住して公害被害を受けた経験により問題意識をもち、市民協への参加や市議会議員としての公害追及の活動に結びつ

いた可能性がある。なぜ東電労組の組合員は、組合組織の制約を離れて個人として住民運動に参加できたのか。その一つの理由は、東電労組および電力労連内につくられた反主流派活動家の緩いネットワークに支えられ[12]、これらの組合員が職場で極端に孤立せずに、東電労組沼津支部の組織統制から相対的に自律して行動できたことである（ただし、その代償として賃金、昇進、配転などで差別を受けた）。また、富士市に主要拠点を置く大昭和製紙労組と異なり、東電労組は広域に電力を供給する公益企業（東京電力）の労働組合であり、富士市の企業城下町の支配構造に組み込まれていなかったことも、同労組の組合員が市民協で活動できた理由としてみることができる。

　市民協で中心的役割を果たした地区労加盟の組合からは、どの程度個人としての参加があったのだろうか。市民協の会長となった甲田寿彦によると、市民協に参加する労働組合の組合員は「オレは何々組合の一員である」と意識を振り切り、「その地区の住民の一人として」市民協の公害を追及する闘いに参加していた。とくに、中小企業の労組の組合員たちは、「市民協に入ってきて、ビラまきをやったり、いろんな集会へ出たり、学習会をやったり」したとされる（甲田、山田 1970: 15-16、甲田 1971: 38）。これらの中小組合のなかには、富士市の紙パルプ産業の中小組合（すなわち公害発生源企業の組合）も含まれていた。これらの中小組合は東電の火力発電所建設反対運動では精力的に闘ったものの、田子の浦湾のヘドロ問題にはあまり積極的に取り組まなかったようである。例えば、1970年8月9日に多数の漁民と労働者・市民が参加して行われた「ヘドロ公害追及・駿河湾を返せ・沿岸住民大抗議集会」（前述）には「紙パルプ労働者の姿が少な」く、ある参加者（おそらく中小労組の組合員）によると「組合旗を持って行った紙パ労連の組合は私達の組合だけ」であったとされる（『紙パ労連』1970年8月27日付）。

　本節は、主に公害発生源企業の組合員が住民あるいは個人として市民協を中心とした公害反対運動にどの程度参加したのかについて検討した。限られた資料からはその全容をみることが難しいが、次のことがいえる。第一に、大昭和製紙労組と東電労組沼津支部を比較すると、富士市の企業城下町的な支配に組合が組み込まれている程度が、組合員個人が公害反対運動に公然と参加できるかどうかに

影響をおよぼしたことである。第二に、地区労加盟の中小労組の組合員が住民あるいは個人として、（少なくとも）火力発電所建設反対運動には積極的に取り組んだことである。中小労組のなかには、紙パルプ産業の中小企業の労組も多く含まれていたようであるが、これらの組合の組合員の住民運動への参加が、企業城下町的支配から相対的に自由であったためなのか、あるいはそのような支配に拘わらず活発であったのかは明確ではない[13]。

おわりに

　本稿は、富士市の公害問題を事例に基づいて、公害発生企業の労働組合の公害問題への取り組みと住民運動との関係について検討してきた。本稿は第一の問題意識として、組織としての労働組合の公害への対応と住民運動との関係、第二の問題意識として、組合員の住民や個人としての住民運動への関与を提起し、それらの問いに対する応答を2~4節で検討した。

　第一の問題意識にかんしては、公害発生企業の労働組合と住民運動の関係が希薄であり、関係があるとしたら対立・緊張関係として特徴づけられるという、「古い社会運動」と「新しい社会運動」の二項対立的な枠組みを超えて、大昭和製紙労組と市民協を中心した公害反対運動の関係の有り様について考察した。組合は公害問題について全く無策、無関心であったわけではないが、「安全パトロール」「環境パトロール」「モニター制度」による公害発生源や被害の情報収集と労使協議による問題解決という既存の労使関係制度の枠内の対策に集中した。このような「内向き」な対策は、組合員の生活を脅かす工場の操業停止反対という組合の立場と相まって、組合が公害問題で企業側に立っているという不信感を住民運動側に生んだ。また、大昭和製紙労組が地区労に加盟せず、市民協に組織として参加しなかったことでも住民運動の不信感を強めた。他方、大昭和製紙労組は、組合員を公害発生源企業の従業員として感情的に批判し、組合員の生活を考慮しない工場の操業停止などを要求する住民や住民運動に対して不信感をもった。このように、相互不信が大昭和製紙労組と市民協を中心とした住民運動との関係を特徴づけるといえるが、このような関係は、公害発生企業の組合と住民運

動の間の一般的な特徴とみなされている対立・緊張関係とは単純には割り切れない。第3節でみたように、組合と市民協あるいは地区労などと全く接触がなかったわけではなかった。さらに、一部の組合員が住民運動により近い立場であったものの、組合内で公然と公害問題について発言出来なかったという指摘もされている。すなわち、本稿が描いた労働組合と住民運動との関係は、単に対立・緊張関係、あるいはその対極にある協力関係と特徴づけることができず、これらの両極の間（前者に近かったものの）に位置していたとみることができる。

　第二の問題意識にかんしては、東電労組沼津支部の反主流派活動家、および地区労に加盟する中小労組の組合員が住民あるいは個人として、そして前者の場合は組合の厳しい組織統制にも拘わらず、市民協を中心とした公害反対運動に参加したことを示した。だだし、資料が限られているため、東電労組沼津支部の反主流派活動家の公害反対闘争の全容を明らかにすることはできなかった。市民協は個人参加の市民を幅広く得ることができず、「革新団体の構成の域を出なかった」ものの（中島、西岡 1969: 98）、東電労組や地区労加盟組合の組合員の住民あるいは個人としての活動が、市民協の市民運動としての側面を強めることに貢献したといえる。さらに、市民協が火力発電所建設計画の反対運動で活発に活動したことは、富士市の企業城下町的支配に対抗する市民社会の「成熟」にも一定程度貢献したとみることができる。これは、富士市の1970年1月の市長選挙で市民協など革新勢力が支援した候補（渡辺彦太郎県議会議員〔社会党〕）が当選し、初の革新市政が誕生したことに示される。富士市の企業城下町的体質に批判的な『岳南市民新聞』の発行人である落合巳代治は、公害についてかなり鬱積したものをもっているものの「もの言わぬ市民」たちが「その一票を行使するなかで〔公害に対して〕ものを言った」と、革新市長誕生を評した（落合 1971: 150-151）。

　公害問題は1960年代後半から70年代前半まで激化したが、多くの企業別組合が公害発生企業の組合として公害問題や住民運動への何らかの対応を迫られたはずである。しかし「はじめに」でも述べたように、労働運動と公害問題の接点にかんする先行研究は、非常に少ない。他の公害発生企業の労働組合は、大昭和製紙労組のように当該企業の労使関係が相対的に安定していた場合、公害問題にど

のように対応したのだろうか。安定した労使関係を維持しながら、労働組合が公害被害者の運動に何らかの形で協力した事例はあったのか。また、労使関係が安定していた場合でも、企業側の立場に近い組合執行部に反対する組合員の活動がある程度許容（あるいは黙認）されていた場合、組合員が住民運動に個人の立場から支援することができた事例はあったのか。あるいは、多くの場合労働組合と住民運動は対立・緊張関係にあったのか。公害発生企業の労働組合について公開されている資料は、管見のところ非常に限られている（大昭和製紙労組の資料の豊富さは例外的である）。労働関係のアーカイブズや個人所蔵資料から関連する資料を見つけ出し、公害発生企業の労働組合の公害問題への対応の多様性を明らかにすることで、労働運動史と住民運動史の交叉についての理解を深めることが今後の課題である。

〔注〕

1　本稿は、「住民運動」を公害の被害を受けた（あるいは受ける可能性がある）住民や支援者による社会運動と定義する。また、「市民運動」を「住民運動」と同義としてあつかう。

2　製紙工場からの排水（1日200万トン）のうち、大昭和製紙の工場からの排水は32〜35パーセントを占め、大手四社（大昭和、大興、本州、興和工業）の排水は半分以上に上った（川名 1987: 191）。

3　富士地区労は、約60組合（県職労、国労、教組、全日通、岳南鉄道労組など公務部門や交通運輸部門の労組および中小企業労組などが加盟）、約1万人から構成された（『岳南市民新聞』1968年1月17日付、1971年11月9日付）。

4　富士市の支配層は、市民協などの公害反対運動に対して「公害、公害とさわぐやつはアカだ、破壊分子だ」という宣伝をしたとされる（落合 1971: 187）。

5　『岳南市民新聞』は富士市の地元紙の一つで、同市の大昭和製紙の企業城下町的性格に唯一批判的立場をとった（田村 1971）。

6　以下の大昭和製紙労組の叙述は、主に『大昭和労組三十年史』（大昭和製紙労働組合 1976）による。同組合史は、同労組の機関紙『組合だより』、『大昭和労組』の縮刷版（第1〜213号、1960〜75年）も掲載している。本稿は、組合機関紙の記事を参照するときは、記事が記載された機関紙のオリジナルな日付を記す。

7　1962年9月に行われた本部役員選挙（対立候補はいない）では、全員が信任された。労使協調を強調する新中央執行委員長は、信任3,012票、不信任1,140票、白紙101票で信任されたが、かなりの数の不信任票が投じられたことがわかる（『組合だより』1962年10月5日付）。

8　メディアは、労使協調路線をとる大昭和製紙労組が公害問題で何もしていないと批判し

た。例えば『サンデー毎日』(1970年9月27日付) の記事「ルポ公害の街を行く　沈黙の労働組合は敵か味方か」は、大昭和製紙労組などいくつかの公害企業の労働組合について報じた。大昭和製紙労組については、漁民や市民協が同労組を「企業ベッタリだ」「会社とグルだ」「組合エゴイズムだ」と批判していることを紹介した。同記事は、組合書記長と副委員長にも取材しているが、組合が経営者に対して弱腰だというニュアンスで、彼らの「公害に対する組合の立場」を紹介している。

9　「第1回今井三町公害意識調査の集約」は、宇井純公害問題資料コレクション（立教大学共生社会センター）に所蔵されている。

10　大昭和製紙労組の機関誌『大昭和労組』の第142号（1970年11月20日）は、鈴川支部の機関紙『あすなろう』を転載しているが、そのなかに鉄工所の「H・I生」が「富士公害学校」に参加したという記事がある。記事は、この「公害学校」で気象学の専門家から講義を聞き「公害に対して婦人、男子、老若を問わず真剣に考えていると」との参加の印象を伝えた。公害学校の主催者を明確にしていないが、市民協主催の学習会だった可能性もある（『大昭和労組』1970年11月20日付）。なお、鈴川支部は紙パ労連の「公害に関する調査」の「地域との交流」の質問には、「各種公害学習会に積極的に参加」と回答している（月刊紙パ 1971: 22）。

11　会社側は、平野氏が市議選に立候補することが判明すると、立候補を断念させるため、彼が長年勤めた富士宮営業所から三島営業所に転勤を命じた。平野氏は当選後市議として多忙となったが、遠隔地の職場に通わざるを得なかった。また、平野氏に対してはさまざまな退職圧力があったとされる（堀田 1972: 89）。

12　反主流派活動家のネットワークの存在は、これらの活動家を対象とした機関紙『そびゆる鉄塔』が刊行されていたことにより示唆される。

13　地区労加盟組合のなかでは、中小労組に加え静教組富士支部が住民運動に積極的であった。同支部の数名の活動家は市民協の「主力メンバー」として参加し、支部内で「公害対策委員会」を結成した。これらの活動家教師は「個人的な意識と判断に立って、一市民として活動」した。活動家たちは支部の組合員の公害問題への意識を高めることに努め、その結果「組織動員の枠を超えて、自主的に参加し、積極的に行動する教師も増加」したとされる。しかし、教育長や校長など管理職が教師に対して公害反対運動に参加しないように圧力をかけたとされ（企業城下町的支配の一環といえる）、公害反対運動への教師の広範な参加には結びつかなかった（杉山、杉浦 1970: 48-50）。

〔参考文献〕

芦川照江（2005）「運動のなかの“私”―公害闘争で明らかにされた個の認識」中村紀一編著『住民運動“私”論　実践者から見た自治の思想』創土社。

大昭和製紙労働組合（1976）『大昭和労組30年史』大昭和製紙労働組合。

月刊紙パ（1971）「公害に関する調査の中間報告」『月刊紙パ』45（1971年4月号）、2-22頁。

―――（1972）「各組合の報告要旨」『月刊紙パ』64（1972年11月号）、43-59頁。

堀田三郎（1972）「東電を告発する七人の侍―東電富士川火力建設の周辺」『月刊労働問題』第

166号（1972年2月）、85-91頁。

飯田清悦郎（1970）「公害企業の労働組合　企業をかばう生活の論理〈大昭和製紙〉」『別冊中央公論　経営問題冬季号』9（4）（1970年12月号）、406-416頁。

飯島伸子編著（2007）『新版　公害・労災・職業病年表』すいれん舎。

池上保（1971）「公害闘争と労働組合」『前衛』No.323（1971年5月号）、209-220頁。

井上ゆかり（2013）「一人ひとりの生き方が問われた九年間―反合理化闘争から水俣病への目覚め」『水俣病と向き合った労働者の軌跡』（熊本学園大学・水俣病ブックレットNo.10）熊本日日新聞社。

石井まこと（2015）「水俣病問題に向き合う労働組合の成立と労使関係史上の意義―漁民紛争・安賃闘争からの恥宣言に至る『空白の8年』をふまえて」『大原社会問題研究所雑誌』（676号）2015年2月号、19-32頁。

岩田正（1970）「電力労働者　電労改革の火を燃やして」『月刊労働組合』（1970年12月号）、44-49頁。

加来武彦、草刈保、相馬一郎他（1971）「多元座談会　公害と労働組合―その2　―いわゆる発生源企業の労働組合として」『月刊　いのち』第5巻第2・3号、92-116頁。

紙パ労連（1966）「紙パ労連第38回定期大会議案書」全国紙パルプ産業労働組合連合会。

神原勝（1970）「市民運動の4原則」『別冊　経済評論　全面特集／世界と日本の公害対策』（創刊号）、149-156頁。

川名秀之（1987）『ドキュメント　日本の公害　第1巻　公害の激化』緑風出版。

甲田寿彦（1971）『公害原論　公害自主講座第2学期　富士公害と私』（東大工学部助手会　公開自主講座実行委員会）。

―――（2005）『わが存在の基点から―富士公害と私』創土社。

甲田寿彦、山田宏二（1970）「対談　田子の浦・公害闘争の最前線」『朝日ジャーナル』12巻41号（1970年10月18日号）、12-17頁。

道場親信（2015）「戦後日本の社会運動」『岩波講座日本歴史 第19巻（近現代5）』岩波書店。

森井迪（1971）「公害企業労働者のしたたかな嘲笑」『月刊労働問題』第154号（1971年2月）、77-83頁。

中井潤吉（1970）「富士市における青年の公害闘争のとりくみと展望」『青年運動』No.88（1970年10月）、77-80頁。

中島勇、西岡昭夫（1969）「富士市の公害と住民運動」『季刊　国民教育』（第2号）、76-95頁。

落合巳代治（1971）『おっちゃん記者奮戦記―岳南市民新聞17年』たいまつ社。

岡本秀昭（1971）「労働組合と公害問題」『組織科学』（5-4）：24-32頁。

白井泰四郎（1971）「労働組合と公害問題」『日本労働協会雑誌』（No.142）1971年1月号：4-13頁。

杉山昭伍、笠井貢、平野康夫他（1969）「座談会　公害と教育　静岡県富士市の場合」『季刊国民教育』（第2号）、96-110頁。

杉山昭伍、杉浦克己（1970）「“富士公害”と教師のたたかい」労働旬報社編『公害と労働組合』労働旬報社。

鈴木玲（2012）「原発推進派、反対派の労働組合は何を主張したのか―組合イデオロギーと

　　『世界観』の分析」『大原社会問題研究所雑誌』(647・648号) 2012年9・10月合併号、
　　15-34頁。
―――（2015）「新日本窒素労働組合と水俣病患者支援団体、患者組織との連携関係の分析」
　　『大原社会問題研究所雑誌』(675号) 2015年1月号、35-52頁。
田村紀雄（1971）「反公害市民運動の言論活動」『市民』No.1（1971年3月）、76-91頁。
友澤悠季（2018）「公害反対運動と労働運動の接点をめぐる試論」『大原社会問題研究所雑誌』
　　(713号) 2018年3月号、3-22頁。
宇井純、本田啓吉、甲田寿彦（1970）「自主的住民運動の原点―水俣・富士におけるたたかい
　　の軌跡」『月刊労働問題』(1970年10月号)、26-39頁。

組合機関紙
『組合だより』(大昭和製紙労働組合広報部)
『大昭和労組』(大昭和製紙労働組合)
『紙パ労連』(全国紙パルプ労働組合連合会)

新聞
『岳南市民新聞』(岳南市民新聞社)

日本労働社会学会年報第30号〔2019年〕

小規模企業における事業主の妻への労働報酬
——公的枠組・世帯内力学・主観的世界に着目して——

宮下　さおり

（名古屋市立大学）

1．家族の労働に対する報酬という研究課題とその背景

　本論文は、小規模企業において家族の労働が低報酬となる過程を示すことを目的とする。近年、雇用されない働きかたが社会的にも学術的にも注目を浴びつつある。小規模企業における事業者とその家族の労働は、その典型である。ここでは特に事業主の妻に焦点を当て、その労働報酬に関する制度的な枠組を示すとともに、事例研究からその付与と受領の過程を提示し、論点を提起したい。

　この課題を論じるにあたり、まずは基礎的なデータや前提となる議論を示しておきたい。それが1．である。小規模企業が家族で支えられており、そこでの女性家族員の金銭的報酬が低いという事実はそれほど共有されたものではない。もしくはその事実を認めたとしても、それは当然のことで、この課題設定にさしたる意義はないと思われ、説明が放棄されることもある。経営が苦しくて支払う原資がない、家族は一体であり利益は共有されている、戦前の家制度の残滓や女性の「無自覚」ゆえだと説明したくなるかもしれない。こうした態度はどれも生産的ではない。それ以上に問題なのは、家族労働のインフォーマル性、低報酬性や性差別性を見過ごしてしまうことである。全体社会において小規模企業が安価で仕事を引き受けさせられる仕組みには、事業主家族に対する労働報酬の不認定という問題が埋め込まれている。日本では、先進国において概してきわめて少なくなった無給の家族従業者が、数パーセントとある程度の厚みをもっている。これを生み出すメカニズムを説明したい。

　そこで2．では、事業主家族の報酬に関する公的枠組を税法及び老齢年金の側

面から整理する。それはあきらかに事業者の行動を規定する。また、社会全体が何を労働として承認、評価しているのかを照らし出す。次に、公的枠組に規定されながらじっさいの家族にはどのような状況が生じるのかを、3.において示す。ここでは、女性家族員への報酬支払のありかたと報酬のゆくえを追うことにより、報酬が事業に回収されていくさまを明らかにする。

（1）家族が支える小規模企業

　小規模企業とは、長らく中小企業政策・施策で用いられてきた用語であり、製造業の場合は常時雇用する従業員が20人以下、卸売・小売・サービスは原則5人以下と定められている。2014年に小規模企業振興基本法が制定され、小規模企業に関する初の白書である小規模企業白書が発行されたのが2015年である。この年の白書は、この企業群の労働力構成やその法的枠組を詳述している。詳細な定義は紙幅の関係上省くが、大企業、中企業、小規模企業の三類型をとった場合、事業者数の86.5％、従業者数の25.8％がここに該当する（中小企業庁 2015: 5）。労働力構成として決して無視できない割合を占めている。

　その内部の労働力構成を確認しよう。小規模企業白書は2015年の中小企業庁委託調査データをもとに、その労働力構成を企業形態別（法人か個人事業か）に整理している。のちに見るように、この両者は適用される制度の枠組が異なる。法人設立は以前よりもはるかに容易になったものの、国税ベースのみで見れば課税所得が905万円を超えない場合、個人事業のほうが税金は低い（中小企業庁、2015、36）。小規模企業の6割は個人事業（中小企業庁 2015: 29）であり、これが事業者の過半数を占めている。それぞれの労働力構成を示したものが**図1**である。個人事業では事業主と無給の親族従業者、常用雇用者（親族）、臨時雇用者（親族）、他社からの派遣（親族）をあわせると7割近くが事業主とその親族で占められる。この場合の親族の続柄は明らかでないが、多くが親子関係か配偶関係にあるものと推測される。法人企業では法人有給役員と有給役員（親族）、常用雇用者（親族）、臨時雇用者（親族）、他社からの派遣（親族）が4割を占めている。このように企業形態による違いはあるものの、「小規模事業者は、経営者本人とその親族によって経営が支えられている」（中小企業庁 2015: 42）のが実情

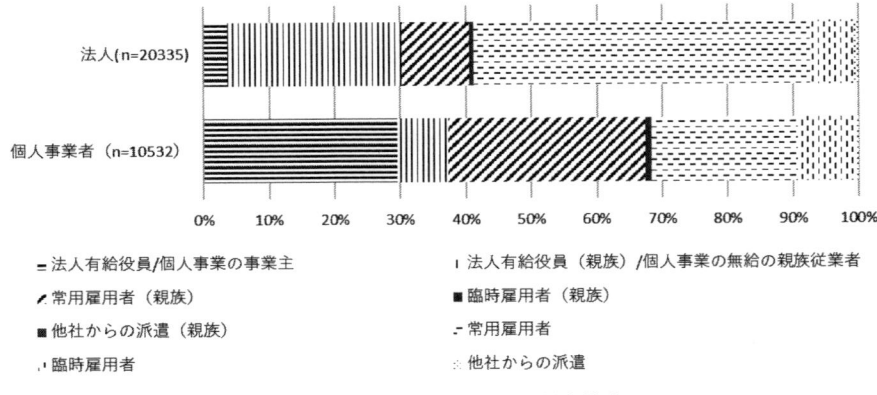

図1 小規模企業における労働力構成

出典：中小企業庁（2015）41-42頁より加工。
注：元データは中小企業庁委託「小規模事業者の事業活動の実態把握調査」2015年1月、調査対象は全国商工会連合会もしくは日本商工会議所会員である小規模事業者。

である。

　なお、このように家族労働力に依拠するのは古いありかたを保つ企業が残っているからで、廃業、世代交代や新規開業企業の参入により、この特徴は弱まると思うかもしれない。しかし、日本政策金融公庫の融資を受けた新規開業企業の分析を行った深沼光によれば、その4割が家族従業者を含有している（深沼2011）。家族は近年創業した企業においても重要な役割を果たしている。事業主の家族が従事することを古い企業のありかたと見なす解釈は、十分に現実を説明しない。

（2）事業主家族の労働に対する学術的検討

　事業主とその家族の労働は、歴史的に見ても労働全体のなかで大きな比重を占めてきた。しかし、労働社会学はそれらを例外的にしか取り扱ってこなかった。それは、この層が資本家階級と労働者階級のどちらかに分解し、いずれは消滅していく人々であるとする位置づけがきわめて根強かったことを一因としている[1]。

　ただし、実態としてこの層は無視できない比重を占め、小規模企業施策は一つの政策領域として存在してきた。労働省や中小企業庁は、小規模事業主とその家族の労働実態を把握しようとする調査を行ってきた[2]。これらは、その労働時間

や報酬に関して貴重な手がかりを与える。いっぽうで、日本学術振興会中小企業委員会は小零細企業の理論的整序を行い、この研究領域でしばしば言及される図式を提示している[3]。

　こうしたなかで、女性家族員の労働に焦点を置く論考や大規模調査が出始めたのは、おおよそ1970年代以降のことである。行政調査として、女性雇用労働者について実態調査を続けてきた労働省婦人少年局が小規模企業の経営者の妻の労働の実態を把握し、その福祉対策に資するためとして、その調査報告書を出したのは、1970年代初頭だった。労働省婦人少年局（1970）は常用労働者1〜4人の零細製造業で家業に従事する事業主の妻を、労働省婦人少年局（1971）は卸・小売業で同条件の妻を対象として、その労働実態を調査した。調査項目はその労働時間、仕事内容、報酬額とその受領状況、産前産後休暇、住居と事業所の関係、家事担当者などにわたり、事業と家庭での労働状況の全体像を捉えようとしたもので、その後の調査研究でも参照されることになった。中小企業庁も、中小企業庁・全国商工会連合会（1980）として商工会婦人会員5,000人を対象にし、調査を行っている。

　婦人問題研究の対象として取り扱われたのも、1970年代からである[4]。これらの論考は、先述した行政調査をも用いつつ、彼女たちの長労働時間、労働過重を共通して明らかにした。1980年代以降には、こうした研究を部分的に受け継ぎつつ、実態調査が行われている[5]。もっとも体系だったものは天野正子による一連の小売業・サービス業調査である。この研究の視座はジェンダー研究の文脈での「主婦」研究におかれ、先に挙げた労働省婦人少年局の調査や先行研究を引き継ぎ、生活と労働の両側面を調査・分析しており、天野（1983a）、天野（1983b）、天野（1986）として出されている。

　1990年代から2000年代初頭には、家族研究およびインフォーマルセクターに対する議論の展開を取りこみ、日本社会の特徴を分析する際に、女性家族従業者の役割に着目した論考が出されている。石井淳蔵は日本の零細小売業を日本の家族の特質との関係から分析した（石井1995）。野村正實は労働力構成の全体像を大企業セクター、中小企業セクター、自営業セクターの三分類に分け、女性を含めてとらえる視座を打ち出した（野村1998）。伊賀光屋は中小企業体制を支える

家族と妻のありかたを論じた（伊賀2000）。こうした研究群は方法も課題設定も
それぞれ異なるものの、日本の経済社会の中で小規模企業が重要な位置を占め、
その理解に女性の分析が必要なことを示している。

　こうした研究蓄積の提起を引き受け、より発展させるには何が必要か。

(3) 家業従事に対する報酬を問う

　もっとも議論の展開が必要な点は、労働報酬の問題にある。この点の分析なく
しては小規模企業が女性をいかに安価に柔軟に利用し、安価で仕事を提供できて
しまう経過、ひいては全体社会が小規模企業を通じて安価な労働力を調達する道
筋がわからない。また、そのインフォーマル性や低報酬性や性差別性が見過ごさ
れてしまう。しかし、この部分は先行研究において探求と分析、考察が手薄なの
である。

1）報酬の不平等と「わからない」という回答者の戸惑い

　事業体/家族内部における報酬の分配状況を具体的に理解するため、同一事業
に従事する夫婦に見られる所得の差を日本版総合的社会調査（JGSS）2010年デー
タから見てみよう。もともと、このデータは夫婦が「同一事業に従事」している
か否かを特定できない形で公開されている。ただし、夫婦ともに従業上の地位が
経営者・役員/自営業主・自由業者/家族従業者のいずれかであり、従業先が同
一産業および同一規模であるものを見ると、ある程度までは推測できる。さらに、
それぞれの職業についての情報は得られる。この組み合わせにも留意し、夫婦協
業事例とみなせそうだと考えられる155事例を取り出した。夫の「主たる仕事か
らの年収」を縦軸に、妻のそれを横軸にとり散布図にしたのが、**図2**である。

　この散布図からは、二つのことが顕著である。一つは、夫の報酬＞妻の報酬の
領域にデータが集中している。妻の報酬はほとんどの場合夫より少なく、夫妻が
同レベルもしくは妻のほうが多いことはきわめて例外的なのである。もう一つ注
目したいのは、妻の年収について「わからない」という回答が、夫の年収に関ら
ずまとまって見られることである。これらの事例に直接あたった調査員の判断に
よれば、回答者は回答を拒否したのでも、回答しなかったのでもない。あくまで

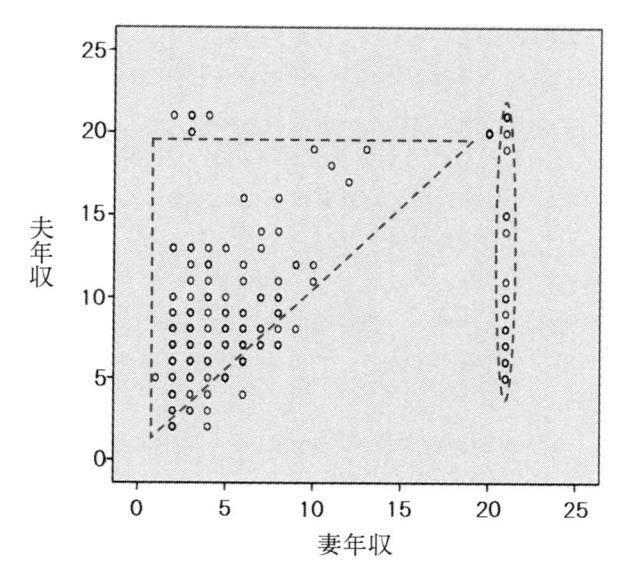

図2　同一事業に従事する夫婦の年収

出典：筆者作成。
注：縦軸と横軸は、実数ではなくコードを表す。「1：なし」「2：70万円未満」「3：70〜100万未満」「4：100〜130万未満」「5：130〜150万未満」「6：150〜250万未満」「7：250〜350万未満」「8：350〜450万未満」「9：450〜550万未満」「10：550〜650万未満」（中略）「18：1850〜2300万未満」「19：2300万円以上」「20：回答したくない」「21：わからない」「99：無回答」である。なお、無回答はレイアウトの都合上、図から省略した。

も「わからない」だったことは重要である。おそらくは、対象者は調査員から額を尋ねられ、「わからない」と困惑したのだろう。この困惑は妻の報酬というものの特質を理解する手がかりとなる。

2）事業を営む夫婦の労働報酬に関する議論

　家族経営に従事する女性の労働報酬に注目した議論は存在してきた。クリスティーヌ・デルフィは、家族が生産単位である場合、市場用の財とサービスを生産しても、女性の労働は報酬が支払われない不払い労働になり、それが当然視されることを含めて家内制生産様式の家父長制的性質を提示している（Delphy 1984＝1996）。ただし、この論考の抽象度は高く、実証的検討には応用しがたい。

そのインパクトは問題提起にとどまってきたきらいがある。

　橋本健二の階級研究は、多様な不平等関係が同時的に存在することを指摘し、事業主家族内部での労働報酬について理論的言及を行うとともに、実証的にも継続的に考察してきた稀有なものである。橋本（2001）はSSM1995年調査をもとに以下のことを指摘した。経営者・自営業主の妻（または母・娘）は経営上一定の地位を占める、もしくは重要な働き手であることがある。彼女たちのなかには、個人としては報酬を得ていない、はっきりとした形で報酬を受け取っていない人が相当数おり、低所得の人が多い。男性が生産手段を所有し、家族の女性を労働させ、その成果の多くを自分の収入にしている。橋本は男性が生産手段を所有し、家族の女性を労働させ、その成果の多くを自分の収入にしていることは、ローマーやライトのいう封建的搾取である（橋本 2001: 79, 86, 136）。さらに橋本はこの20年後に行われたSSM2015年調査データを用い、階層差を見据えつつ、2001年の著作と同様に家族内部の報酬差を分析している（橋本 2018）。事業主の妻に相当するのが「中小企業のおかみさんたち」「家業に生きる女たち」である。ここでも彼女たちの世帯年収は高いが、本人の平均年収は多くない者がいることを指摘している。図2はこの指摘の内容を別の形で示したものだが、その発生メカニズムについては、ここからは判明しない。

　さきに述べたとおり、天野正子による一連の研究は、もっとも包括的に小規模企業の事業主の妻の労働と生活を検討したものだが、報酬の分析は実態把握にとどまっている。天野（1983b）は彼女たちの給与額の低さを家業自体の収益が低いためと推測し、青色専従者給与額の平均が7.9万円と少ないこと、またその使途については半分以上の者が全部を営業費や家計に回していることを報告した（天野 1983b: 97-98）。天野（1986）は彼女たちの三分の一が給与を受け取っておらず、受け取っている場合の平均は女性正規雇用者とパートタイマーとの中間にあたる約10万円であること、給与をもらっている場合、85％の者はそれを生活費に充当している。「給与を受け取っている比率と給与額の高低は、家業への貢献度（労働時間や役割）よりも家業の粗収入額によって左右」（天野 1986: 17）されることが繰り返されている。これは結局、支払能力原因説にとどまっている。

　このような研究状況をふまえ、低報酬を生み出すメカニズムを探るためには、

それを支える具体的な社会制度の検討と事例分析に踏み込む必要がある。

3）本論文での問い──妻の低報酬を導く具体的な道筋

　ここであらためて本論文での問いを整理しておこう。次の節からは、まず、事業主の妻を念頭に置き、事業への従事に対する労働報酬に関していかなる公的枠組が用意されているのかを問う。ここでは労働報酬として、短期的対価である賃金と長期的対価となる退職金・老齢年金との双方を見たい。行為者は制度から逃れることはできず、この制度が行為をある範囲に誘導する。この制度は、社会全体が何を労働として承認、評価しているのかを照らし出す。

　雇用労働者にとって労働報酬に関する公的枠組とは、なによりも労働法である。雇用労働者は労働法における賃金額や支払方法の規定を受け、多種多様に保護される。高齢期にはこの賃金額に基づいて算定された老齢年金がその生活を支える。この枠組は事業主の家族が「家族」として扱われると適用されない。家族従業者は適用除外である。では、彼らに起こることは、なんらの規制も受けない、事業体もしくは家族による自由決定の結果なのだろうか。本論文ではそのような素朴な見かたを批判する。家族内での決定という位相を超えて存在する社会制度をおさえなければ、そこで発生することの全体的構図が見えない。

　このような社会制度のなかで、事業主家族の内部では何が起きていたのか。それが次なる課題である。事業体内部で労働報酬はどのように支払われたのか。さらに報酬と定められたものが、どのように処理されたかを追いたい。家計研究は事業を営む家族を分析から除外しており、援用できる知見がない。本論文では、この二方向から、事業主の妻に対する報酬がいかなる道筋で抑制されてしまうのかを析出する。

2．家族の労働に対する公的枠組

（1）戦後税制における家族労働の扱い

1）所得税法第56条とその効果

　1950年、日本政府は原則として個人単位の課税制度を採用したが、一部に世

帯単位課税を残したまま、今日に至っている。それが所得税法第56条の規定である。この条文は、「居住者と生計を一にする配偶者その他の親族がその居住者の営む（中略）事業に従事したことその他の事由により当該事業から対価の支払を受ける場合には、その対価に相当する金額は、（中略）必要経費に算入しない（後略）」ことを定めている。一言で述べれば、事業主の家族の労働に対する対価を必要経費として認めないのである。その立法の趣旨は、累進税原則のもと、事業を営む家族が親族内での恣意的な所得分割により税負担を軽減することを防ぐことである。

　このような法が事業者家族の家族関係に対してもたらす効果は極めて大きなものだった。それは多くの人々にとって「あたりまえ」のこととされ、事業主が事業所得から労働報酬を家族労働者に分与する動機を失わせてきた。1990年代には税法学者の黒川功がこの法を批判的に検討する一連の論文を発表している。現行の所得税法（第56条）は「家族関係を戦前型の生活関係に引き直して考える無意識の習慣を生じさせることにより、一般の納税者（多くの税法の専門家すら）をして、戦後の民主化した家族関係を法的に正しく認識・評価することから遠ざけてしまう」（黒川 1994: 160）というのである。学術的にこの事実が取り上げられ議論されたのは管見の限りで黒川が初めであり、1990年代に入ってからである。

2）事業主家族の報酬と年金に関する制度的取扱い

　ただし、事業主の家族はつねに「家族」とみなされるわけではない。制度上、彼らは雇用労働者に準じた形で扱われることがある。現行の税務上の扱いを述べれば、その違いはまず事業が法人であるか個人事業であるか、さらには個人事業であったとして、税の申告方法が青色か白色かによって異なる。このような労働に対する短期的な対価に加えて、長期的な対価である老齢年金の扱いも異なる。この違いを具体的に見ていこう。

　まず、法人の場合は、「適正な額」という制約がありつつも、家族の給与や退職金は経費（損金）として認められる。役員報酬も通常の手続きを行えば非家族員と同じように認められる。退職金も適正な手続きと「適正な額」であれば、経

費となる。経営者は有給で働く家族を厚生年金に加入させる義務がある。つまり、家族労働は事業の経費として認められている。事業主は保険料の徴収から逃れがたく、報酬額と連動した比較的手厚い老齢年金制度に包摂される。

　ところが、個人事業の場合、原則として生計を一にする親族への給与も退職金も、経費として認められない。一定の要件を満たす場合（後に述べる）にあくまでも例外として認められ、その額にも制約がある。従業員数5人未満の零細企業の場合は、厚生年金に任意加入しない限り、国民年金に加入することになる。この場合、報酬額や労働量とは連動しない定額の保険料を自主的に納付するものであることから、未納は放置される。

　個人事業の場合、税の申告方法により、例外的に認められる経費上限は異なる。もともと、この経費認定（税額控除）は青色申告促進のための特典として1952年から開始されたものであり、白色よりも記帳が複雑なこの申告方式をとった事業所だけが対象となった。この控除対象は広げられ、上限額が徐々に上げられ、1968年から「適正な額」を事前に届け出ればその額まで認められることとなった。いっぽう、白色申告事業でも1961年から一定の控除額が認められ始めた。

表1　事業形態による事業主の家族に対する税務・年金取扱いの差異

	事業主の家族の給与 （税務上の取扱い）	事業主の家族への退職金 （税務上の扱い）	事業主の家族の老齢年金
法人	・適正な額であれば、経営者の家族の給与は経費（損金）として認められる ・役員であれば、定時株主総会や取締役会での承認手続きが必要となる	・適正な手続きをとり、適正な額であれば、経費（損金）となる	・雇用者に準ずる形、労働の対価として報酬を得ていれば厚生年金に加入義務
個人事業者	・生計を一にする親族への給与は、原則として認められない。 ・次の要件を満たせば「事業専従者」として、例外的に経費（損金）が認められる。 ①納税者と生計を一にする配偶者その他の親族であること。 ②その年の12月31日現在で年齢が15歳以上であること。 ③原則としてその年を通じて6ヶ月を超える期間、納税者の経営する事業に専ら従事していること。	・事業専従者の退職金は、経費（損金）とならない	・従業員数5人未満の場合国民年金に加入（任意で厚生年金に加入できる）

出典：給与および退職金の税務上の扱いについては中小企業庁（2015）37-38頁より引用。

ただし青色申告とは異なり、現在でもその控除額は上限が定められている。この控除額の推移は国税庁が**表2**のようにとりまとめている（国税庁 2000: 224）。

　このように、法人や青色申告事業では今日「適正額」が認められるようになっ

表2　専従者給与（控除）の対象と限度額の推移

区　分	青色事業専従者給与(控除)		白色事業専従者控除	
	対　象	限度額	対　象	限度額
昭和27年分	配偶者及び18歳未満の者を除く	50,000円		
28	配偶者及び15歳未満の者を除く	60,000		
29	15歳以上	67,500		
30	〃	75,000		
31〜35	〃	80,000		
36	15歳以上25歳未満	90,000	15歳以上	70,000円
	25歳以上	120,000		
37	15歳以上20歳未満	90,000	〃	70,000
	20歳以上	120,000		
38	〃	93,750	〃	73,750
		123,750		
39	〃	113,800	〃	86,300
		143,800		
40	〃	142,500	〃	112,500
		172,500		
41	〃	217,500	〃	142,500
		225,000		
42	15歳以上	240,000	〃	150,000
43〜45	〃	限度額廃止	〃	150,000
46	〃	〃	〃	165,000
47	〃	〃	〃	170,000
48	〃	〃	〃	192,000
49	〃	〃	〃	275,000
50〜58	〃	〃	〃	400,000
59〜61	〃	〃	〃	450,000
62〜63	〃	〃	配偶者	600,000
			配偶者以外	450,000
平成元〜6年分	〃	〃	配偶者	800,000
			配偶者以外	470,000
7〜10	〃	〃	配偶者	860,000
			配偶者以外	500,000

注：昭和26年分は、通達により、青色申告者に対して、専従者1人当たり5万円の専従者控除を認めた。
出典：国税庁（2000）224頁より転載。

た。ただし、これらは上限設定を課し、さらに諸条件をつけることで認定額を抑制している。たとえば、青色申告事業の場合、「適正な額」とは、同種同規模事業の被雇用者に対する賃金を参照して税務署が個別に認定するものである。また、専業として従事する必要があり、たとえば長時間パートとの兼務は認められない。また、事前の届出額までしか認められない。事業の繁忙に対処して実際に働き、仮にその勤務記録を作成したとしても、経費としてみなさない制度なのである。白色申告の場合は、その労働量等にかかわらず、そもそも一定額までしか認めない。このようにして、現在の税制度は事業主家族の報酬を下方に導いている。

（2）家族従業者の労働の対価に対する公的枠組

　要するに、家族従業者の報酬に対して現行の諸制度は何を規定しているのか。雇用労働者の場合と比較してその特徴を示そう。

　雇用労働者であれば最低賃金法による定めがあり、報酬額には下限がある。また、労働基準法は賃金を直接本人に現金で支払わなければならないと定めている。家族内の権力者が家族の報酬を直接所有することを防いでいる。また、賃金制度を含む労働条件は、労働者が使用者に対して集合的に交渉し、決定に影響を及ぼせるよう、労使間が綱引きできるような仕組みを制度として整えてきた。また、最低賃金に関する議論が労使代表を交えて話し合われるが最終決定が労働局長であることにみられるように、政府は賃金額の決定に重要な役割を果たす。この過程で雇用労働者の賃金は社会的な議論の俎上にのるものになる。

　いっぽうで、家族従業者に対する賃金額の下限規制は存在しない。むしろ、課税原則はその額を0と算定している。それに対して、賃金額の上限規制は労働法としては存在しないが、税法が認める額には存在し、「適正額」もしくは一定額と定められる。この「適正額」がそもそも非常に抑制的なものであることは先に見たとおりである。支払い方法についての規定はないものの、この専従者給与は届出時に支払期日の記載をさせ、家族に支払うことを前提に認めている。また、賃金額の決定に対し、家族従業者が事業主に対して交渉できることを促す制度はなく、ここに踏み込むことがない。しかも、労働法が家族従業者の保護を行わず、税法はその労働を原則無償とし報酬を抑制していることはすでに指摘したとおり

表3 報酬額に対する社会的規定の状況

	雇用労働者	個人事業の家族従業者
額の下限	最低賃金法による定め	基準なし—ただし課税原則では家族労働は無償
額の上限	基準なし	基準なし—ただし特例的に経費として税法が認める額には上限（「適正額」もしくは一定額）
賃金の支払方法	労働基準法による定め（家族内の権力者が家族の報酬を直接所有することを防ぐ）	基準なし—ただし専従者給与は家族に支払うことを前提に認めるもの、届出時に期日の記載をさせる
額の決めかた	・制度として承認された労使間の綱引き＋・政府（最低賃金の最終決定は労働局長）‖社会的議論の俎上にのる	・家族内部の綱引きに一任＋・政府（税制は家族労働を無償とする原則をとり、労働報酬を抑制）‖社会的議論の俎上にのらない（税制に関してはのる）

出典：筆者作成。

である。家族従業者の賃金は社会的な議論の俎上にきわめてのりがたいのである。

　要するに、現行の税制度は家族従業者への報酬を下方に導いており、労働法も家族内部の労働関係に立ち入ることはない。さらに言えば、雇用労働者のような社会的な議論の場は制度としては存在せず、それが行為者たちに影響を与えることもない。このもとで事業体内もしくは家族内の決定がおこなわれる。そこでの家族内の権力関係は放置される。

（3）家族従業者の報酬を抑制する制度への批判と運動

　家族従業者の報酬に関しては社会的な議論が行われにくいことを指摘した。ただし歴史を振り返ると、いっぽうで、当事者である中小企業者が家族従業者の報酬を抑制する制度を批判し、他の団体と連携しながら運動を展開した事実があることは見逃せない。その例として、青色申告会と民主商工会が挙げられる[6]。

　青色申告会は、1950年に青色申告制度導入と前後して結成された納税者団体である。この会は青色申告を行う事業者たちが集まり記帳・納税に関する知識を学び、税務署と密接な関係を持ちつつ、税制改正運動をおこなってきた。その中には控除対象や額に関する要求が含まれている。また、民主商工会は今日まで所

得税法第56条の廃止を求めて署名活動や自治体に働きかける運動を続けている。各地の婦人（女性）部は会員に対する労働・生活状態の調査を続け、長労働時間の実態や低い報酬状況を記録し、発信している。

　これらの運動は制度を変更することを目指した。青色申告会は自民党などに陳情し、民主商工会は共産党と関係を持って活動を行ってきた。ここで注目したいのは、この運動が政治的立場を限らずに行われてきた事実である。これら中小企業者の運動があったからこそ、先の表2で確認したように専従者給与の認定対象が広がり、認定額の増額が実現してきたことを見逃してはならない。

　ただし、それでも「恣意的な所得分割を防ぐ」という論理と現行制度は最終的にはゆるがずに来た。家族による労働の対価への社会的認定は後回しにされている。

4．報酬付与過程の検討──小規模機屋の事例分析

　先の節では、制度の現状とその経過を示した。本節では、事業主家族内部に着目し、その報酬付与−受領過程を明らかにしていく。

（1）事例の概要

1）対象事例の特徴

　ここで検討するのは、常時雇い人を抱えた大量生産型織物業の小規模事業所（若干規模が大きな例を含む）の諸例である[7]。こうした事業所では、妻を雇用労働者に準じる扱いや役員にすることができた。事例の多くを占める合成繊維織物業は、戦後は合繊メーカーと商社を頂点とした系列化が進み、工場は原材料が供給され商品を納入して工賃を得る、賃織と言われる生産体制が進行した。多くの企業は自分で原材料を購入し、商品を開発し、販路を開拓するというありかたを多くはとらなかった。賃織体制のもとで企業は盛んな設備投資を行うこととなり、個別企業は借入金を背負い続ける傾向があった。系列下で旺盛な設備投資を行う企業は、小規模企業の一つの典型だった。合成繊維ではない場合でもそのような傾向があり、根本的にこの諸例と異なる性質を持っていたわけではないため、そ

れらの例を含めて検討していきたい。

2）織物業の生産工程と社内業務

　こうした事業では、事業主には男性が就き、そのもとで女性家族員が働いた。女性事業主はきわめて稀だった。人を雇入れる場合はまず製織工程、次に準備工程にて用いる傾向があった。これら労働力を必要とする職務は女性が受け持つものだった。男性ができないのではなく、女性ならば安く用いることができたからである。高度成長期以降、新型織機を導入するとともに二交替制、さらには三交替制をとり、操業時間は拡大した。

　妻は長時間・幅広い時間帯にわたって働き、柔軟な対応を迫られた。まず、職務の中には雇用労働者に任せづらい業務があった。ひとつは、被雇用者を使うための多様な労働である。工場稼動の事前準備と事後処理はその端的なものである。夫もまた雇用者に働きに来てもらうために、早朝・深夜の送迎を受け持つことがあった。また、雇い入れた人が休暇をとる、辞めてしまうこともある。さらには人間関係の調整や退職希望者の引止めも行う必要がある。納期直前の繁忙期に対処するため、どの仕事も基本的にできる多能工でなくてはならなかった。さらには、製造工程には糸が切れたりうまく織れない部分ができたりしたときの修復など、難度の高い職務があった。それを被雇用者に任せられるとは限らなかった。より規模が大きければ雇用者に任せられることもあった。しかし、任せられたとしても、現場労働に従事することはきわめて多かった。

　彼女たちは事業労働だけではなく、その合間に介護・家事・育児をした。工場生産の都合が優先だった。夫や本人が彼女たちの事業への関与を「手伝い」と表現することもあった。しかし、よく聞いてみると朝から深夜までの長時間にわたる労働であり、上記で述べた多様な業務をこなしており、それがなければ事業はまわらないことは明らかだった。先行研究が明らかにした過重労働や、生活時間の複合的性格はこれらの事例にもあてはまっていた。

（2）女性家族従業者への報酬

　彼女たちの語りによれば、その金銭的報酬には4つの類型があった。一つは報

酬がなく、何か必要なときだけもらうというものである。また、こづかいをもらうという形をとったという者もいる。また、月給をもらったと述べる場合もあった。さらに、無報酬だがお金は「自由に使えた」と語った者もいた。天野（1986）は粗収入額の大きさに左右されると示唆した。たしかに月給方式は比較的大きな事業所で聞かれ、無報酬型は零細な事業所でよく聞かれた。しかし、より着目していくべきは、支払能力と報酬類型に一対一関係がなかったことだ。支払うという行為に至るまでに介在する諸要因は、事例の詳細をかきわけ探りあてていくしかない。特に示唆的なのは、規模が大きいなど支払能力が見込まれるのに低報酬だったり、厳しいなかで月給を出そうとしたりする事業所の事例である。

　以下では、そうした女性への報酬支払の類型ごとに、その支払いに対する主体の理解も含めて、その具体的な例を示していく。

1）報酬の四類型
①無報酬
　そもそも、女性はお金の流れに権限を持つことがない傾向にあった。ここで個人事業時代の北陸J社における二代目の妻（1928年生）の経験を挙げよう。これは必要なときだけお金を渡された例である。

　彼女は高等女学校を出て、実家と同等の裕福な農家に嫁いだつもりだった。ところが結婚後、義父は1951年に機屋を創業し、役場づとめの息子とその妻に機屋経営をするよう言い渡した。彼女はそれから準備工程を中心に朝から晩まで働く生活を送った。この機屋は1969年時点で男性2人、女性6人を雇う規模になっていた。

　彼女に対して報酬は帰省時に費用が渡された程度だった。食事支度はしても買い物はせず、お金を持たされることは一切なかった。つけ買いの時代である。事業で抱える借金の額も取引商社もわからなかった。それほど金銭的決定から外れていた。お金の流れを見るのは義父や夫、長じて息子の領域だった。彼女は次のように述べた。

　　昔のお嫁さんは重大なことには参加できなくて、はやく言ったら「食べさせ

てやってる」「養ってやってるんだ」とそういう感じだった。〔うちの〕田んぼ
へ行く途中で工場へ行く女の人が歩いているのをみて、「いいなお金がもらえ
て」と思ったり〔した〕。

　夫の死後、1982年に息子が事業を継ぎ、彼女はようやく機屋仕事から退いて
農作業に専念することになった。彼女がようやく自分の自由になるお金を手に入
れたのは、夫からの相続により小作料が彼女に入ってからだった。

　無報酬は一見して「古い時代」のものに見える。戦前の家制度下で生まれ育っ
た年長世代だから起こる事象と理解するかもしれない。しかし、そのような視座
は現実を説明しようとする志向を失わせるだけだ。そこで、戦後生まれの世代の
経験として、個人事業時代の北陸C社における後継者の妻の事例を挙げよう。

　大手商社勤めだった夫（1952年生）と短大卒業後都市銀行づとめをしていた
妻（1954年生）は職場つながりで知り合い、1977年の結婚を機に、夫妻で家業
に入った。1969年時点で男性6人、女性22人を雇っていた個人事業であり、賃
織ではなく原材料購入や売掛金への対処など多額の資金が必要な絹織物を生産し
ていた。

　公職につく義父は名目上の事業主のままだった。後継者は事業運営とその会計
を任され、その妻は準備仕事をして働いた。義親世代は公職の報酬や配当などで
生活した。夫妻とも専従者給与が支払われる形をとったが、じっさいは受け取ら
なかった。もっとも、夫のほうは事業会計を握り、裁量があった。妻は必要なも
のがあればその都度夫にお金を請求し、こづかいはでなかった。実家から配当金
などこづかいをもらうことはあったという。1989年にC社は転業し、法人化し
て彼女は役員となり、役員報酬を得るようになった。個人事業の機屋時代に給料
があればと思ったことはないかという質問に、彼女はこう答えた。

　　今思いますね。あのころもらっておいて貯金していたら楽だったものがいっ
　ぱいあるかなあとか思いますね。自分のものを貯金するということがなかった。
　今になって貯金があったら楽なのになあと思うことはあります。そのころはそ
　う考える余地もなくて。使うところもないし。

　このように、資産のある家にいる戦後生まれの後継者夫妻でも、妻は無報酬に近い形をとった。この例は支払わないという行為を支払能力や慣習の残滓として説明することが適切かという疑問を改めて投げかける。

②こづかい：家族の一員だと認められれば出る・増える
　とりわけ若い妻たちに支払われる報酬は、その労働貢献とは無関係に決められることがあった。
　まず、東北G社（個人事業）における後継者の妻（1937年生）の経験を挙げよう。1959年に男性3-4人を含む20人ほどを雇う機屋の後継者と結婚したこの女性は、他の従業員とともに製織などの作業に従事した。そのこづかいは一年目1000円、二年目2000円だったという。彼女は58歳で迎えた1995年の廃業まで、こづかいを切り詰めないとやっていけない程度の生活費が支払われた。彼女は「一番煮えくりかえったのはお金のことだったが、私は耐えすぎるので何も要求しなかった。会社組織にできなかったのかなと思うけど……」と言い、報酬とお金への裁量のなさをもっともつらかったこととして語った。
　次に、個人事業時代の東北E社における三代目の妻の経験である。この妻（1932年生）は1958年頃、親同士の取り決めにより、明治末からの歴史を持つ、地域の有力な機屋に嫁いだ。居宅と工場は離れていたが、彼女は準備仕事その他こまごまとした作業を行った。この結婚は子どもができて1年経って入籍した足入れ婚だった。子どもができるまで「賄費」が月1000円だったが、子どもができると義母から「あなたがたのおこづかい」として1万円が渡されるようになった。このまとまった額は、子ども関係の費用や弟妹の結婚資金などにあてられた。
　これらの事例は、報酬が事業への貢献よりも家族の一員としての認定にもとづくことがあることを示している。

③家の財布に裁量を持つ：不満感はないが個人名義の財産にはならない
　三つ目の類型は、家のお金を自由に使えたというものである。これは、質問紙調査で回答するならば、無報酬となる回答である。

この類型にあたるのが、個人事業時代の東北F社における三代目事業主の妻（1932年生）の経験である。1954年に結婚した夫（1929年生）は経営や資金繰りを自分の領域と考え、現場仕事をせず、毎晩遊びに出かけた。彼は一定程度の現金を常に用意し、所定の場所に置いていた。妻は現場の管理等を任され、報酬なしに仕事をした。家計簿をつけることはなく、どんぶり勘定で金銭の支出をしており、下記のようにお金を自由に使えたと述べていた。

　　自由にスパスパ取ってやっていた。必要なものは必要だからいいよということで〔自由に使っていた。三代目である夫は〕坊ちゃまだからケチということはなかったんだね。ケチだったらいられなかったかもしれない。

また、個人事業時代の北陸L社における三代目事業主の妻（1942年生）もまた、どんぶり勘定で支出をし、お金を使うことができた。1963年に夫妻は見合い結婚し、後継者だった夫（1935年生）もその妻も通帳から自由にお金を出した。夫妻間でどちらかが管理することもなかった。会社は幾度も危機に見まわれ、妻も自分の親戚から借金をしてしのいできた。個人事業時代、彼女にはこづかいも給料も出なかった。

　　「もう私が来たころから、会計からみんな任されましたから。もう、何を買うのでも自分でやったね。（中略）私はお金のほうに関してはわりと自由に。〔中略・法人化する前は〕会社もうちも一緒ですから、どんぶり勘定でしたけど」

しかし、上述したように、お金を使うことができたのである。

これらの例では、家族のなかで一定の権限を認められるために、不満感が緩和されていた。しかし、これはフォーマルな報酬ではなく、個人の財産形成につながることはない。

④月給の支給：フォーマルな財産形成の可能性

　個人の財産形成につながる点で、月給の支給は決定的である。厚生年金の受給にもつながっていく。

　そのように月給を支給する会社は比較的規模の大きなところにおいて聞かれた。たとえば、法人だった北陸B社の後継者の妻（1945年生）は、1968年の結婚以来ずっと家業で準備仕事をするなどして働いたが、事務員の退職を機にその仕事も担うようになった。彼女はこれを機に社員待遇になり、月給を得るようになった。ただし、賞与の支給はなかった。雇入れた人への賞与を準備しながら「みなさんはボーナスがあっていいな」とつぶやくと、夫は「何を言っているんだ」といさめた。そうした別扱いもあったのである。

　月給を支給し厚生年金に加入することは、長期的に見れば世帯の収入を確保する戦略として有効であり、とりわけ高齢期に重要な意味を持った。東北J社の二代目が1978年に会社を法人化した理由は、自社を退職した人たちが厚生年金を受給しているのを見聞きし、自分たち夫婦も加入したいと考えたためだった。彼によれば、東北調査地の機屋のうち、法人化したのは2割ほどだった。四半世紀夫婦で会社から月給を受け取り、厚生年金に加入した彼は、廃業後は夫婦で頻繁に海外旅行に出かけながら年金生活を送っている。彼は「私は町一番とは言わないまでも、二番目か三番目に幸せな男だ」と語った。

　ただし、厳しい経営状況の個人事業でありながら、妻を雇用労働者に準じる扱いとした事例もある。東北L社の三代目は1963年に銀行融資がスムーズにいかなかった経験などから、財務状況を意識した経営をしていた個人事業主だった。人件費や各種経費を差し引くと、事業主の手元に残る額は非常に少なかった。彼は厳しい経営事情を乗り切る方策として、妻に対して他の従業員よりもやや高い金額の専従者給与を出し、残業代も支払い、厚生年金に加入させるという選択をした。実際に彼女はほかの従業員ができない高度な作業をおこなっていたし、長時間働いてもいた。彼はそれを一家の生活費としたのである。それは1990年代には本人に渡されるようになり、引退後は彼女に厚生年金が支払われた。妻の財産形成が優先されたまれな例である。

2）家族従業者と雇用労働者としての経験を比較する

　先に見たように、家族従業者の労働は雇用労働に比べて制度上その対価が認定されがたい。この両者を個人史の中で経験した一人が、東北 G 社後継者の妻（1937 年生）である。廃業後、彼女は 58 歳で織布工として勤めに出た。最初はしかたなく勤めに出るという気持ちだった。しかし、外で働くことにより労働の対価が明確になった経験は、彼女にとって大きかった。

　　はじめて働きに出て、厚生年金をひかれて、実にうれしかった。人生の証だね、年金ていうのは。収入は手取りで 12 万円。とってもリッチな気分だった。充実したというか。私が認められた！という気分だった。これまではがまんにがまんをしてきたから。（中略）12 万円は、これはほんとに私のお金だなあとうれしかった。孫が生まれる頃だったから、子どもに何か送ってやった。自分へはその次だったからねえ。

　雇用されれば、自分の労働は対価を得られ、年金額にも反映される。それに対して個人事業のもとでの家族従業は、短期的にも長期的にも家族や社会から評価されない、無視された労働である。「私が認められた」という表現の重みがそれを示している。

（3）回収される報酬

1）月給と定められたもののゆくえ

　これまで、家族が雇用労働者に準じる形で用いられることが決定的に重要となることを見てきた。それでは雇用労働者と同様に月給を得た場合、それはどのようにして処理されたのだろうか。宮下（2015）は以下のことを指摘した。

　一つ目のパターンは、給料が事実上回収されてしまうというものである。たとえば 1950 年に機屋を立ち上げた北陸 H 社の創業者は、事業実績を重ね、大手商社と直接取引できるまでにした。個人事業時代においても 1963 年に法人にしてからも、彼は事業会計と家計の両方を厳密にコントロールした。妻は給料をもらったといっても帳簿上のことであり、彼を説得しなければお金を使うことはで

きなかった。これは結果として「無報酬・必要に応じてもらう」という類型に限りなく近い。

　二つ目のパターンは、報酬を受け取るが、それに対する指示を受ける場合である。たとえば北陸G社で聞かれたやりとりからその様子がうかがわれる。

　妻（1959年生）：〔1990年に法人化して給料が出るようになり〕自分の手元に
　　残るお金が増えた時は「やった増えた！これ私の自由になる」と思って喜ん
　　だけど、社長が一言「お前のもんじゃない」とそう言われるんです。社長の
　　給料の増減と私の給料の増減は一緒で、最低限の額は自分がキープしておく
　　が、剰余ぶんは貯めておいて不足した時に備える。また、何かの時には会社
　　に貸したりする。
　社長（1956年生）：例えば給料20万としたらその20万は全部私［妻のこと］
　　が使うお金じゃないよということを妻に言いたかったわけです。
　妻：だからきついですよね。給料であって給料じゃないんです、［自分の仕事
　　は給料の額に関わらず、何をしても］変わらないですよね。

　また、北陸D社二代目の妻（1937年生）は、筆者から月給を何に使ったか問われ、「生活費ですよね。なんにでも使えるというものじゃなかったわよね」と夫に対して事実への同意を求めるかのように答えている。

　三つ目のパターンは、報酬に対する自己抑制を行うものである。北陸B社の妻は、筆者から1982年に初給料を得たときの気持ちを尋ねられ、以下のように答えた。

　　私の場合は子ども4人もいますしね、そんな「自分のものだ」というような
　感覚はなかったですね。それとやっぱり常に[事業上]借り入れがありますから、
　やっぱり浮ついた気持ちではいられないというものを主人の横にいると感じて
　ました。

彼女は給料を子どもの学費と将来に備えた貯蓄、食費など日常的な支出に充て

た。

　これまでに見た回収、指示、自己抑制は連続的なものである。しかし、いずれにしても報酬は「自分のものではない」。こうした事態を調査票調査で捉えようとした場合、回答者は答えに窮するのではないか。「わからない」が頻出する事情は、妻個人に割り当てられた報酬が「自分のものではない」という状況によるものだろう。

2）事業を営む家族の家計構造

　このような回収、指示、自己抑制といった状況は何ゆえに生じるのか。それを事業主の側の嗜好、たとえば家長意識や独占欲などに由来すると考え、検討する方途もありえる。しかし、強固な回収－自己抑制の傾向が生まれる理由を考えるときに、まず目を向けたいのは、事業主とその家族を拘束する構造である。

　事業を営むということは、多額の金銭を動かし続けるということだ。その額は一般的な世帯の生活費の比ではない。多額の借入金を抱え、返済し続けることは珍しくない。景気は変動し、事業には浮き沈みがある。金銭の流れが滞り、借入金返済に対応しなければならない事態がいつでも起き得る。事業者家族はそのリスクに常に対処する必要がある。事業で抱えた借金を会社や事業主個人の責任だとして家族が逃れることは、現実的に困難だ。大量生産型織物業では、原材料費こそかからないが、盛んな設備投資が促された。こうして世帯が背負った借入金は、個人報酬と家計（生活費）を潜在的に侵食し続けた。事業主はそうして金銭全体の出入りをコントロールした。

　妻が自分の報酬を生活費に当てる理由は、こうした構造を念頭に置くと、より理解できるようになる。夫の報酬だけで生活費が足りないために、妻が自分の報酬までをも生活費にあて、手元にお金が残らないのではない。むしろ事業主は、妻の報酬で生活費をまかなわせ、それ以外を手元において動かせるようにしている。それを理解しなければ、ほとんどの妻が報酬を生活費に回す強固な構図が理解できない。

　女性家族従業者の生活時間が複合的性格を持ち、同時にいくつもの活動が行われて分離できないことは、すでに先行研究が指摘していた。事業が生活時間を侵

食するさまについても指摘されてきた。本論文では、金銭の側面でも複合的性格を持つことを指摘したい。個人の報酬はいつでも必要に応じて事業にも用いられる。事業の必要性が生活費としたものを侵食してくる。そのような意味で、家計と事業会計を厳密に分けようとしても、分かちがたい。事業主家族が望んでそうしているわけではないのである。

5．事業主の妻の低報酬が問いかけるもの

　本論文では、事業主の妻を念頭に置き、事業主の家族の報酬がいかなる道筋で抑制されてしまうのかを、制度の検討と家族内部の過程という二方向から析出した。

　税法は事業への従事に対する労働報酬を抑制し、下方に導いている。雇用労働者のように、賃金決定が社会的議論の俎上にのる仕組みにもなっていない。現行の公的制度は家族従業者の労働報酬を抑制している。この点で、政府は不平等に介入し、社会対話を促し、再分配を行う役割から逆行している。この構造が強力な一因となり、日本では無給の家族従業者が多く見られるのである。

　また、事業主家族の内部を見たとき、報酬付与は支払能力以外の要因で抑制されることを見た。支払うという行為が公的な介入を受けない以上、そこには家族内での勢力関係がダイレクトに作用した。家族を雇用者や役員として扱えば、長期的には年金受給につながり、短期的にもその労働報酬は個人のものとなりえた。ただし、まとまった額になる妻の報酬は複合的な性格を持っており、事業の浮き沈みへの対処や、そもそも生活費をまかなうものとされた。残り全ては事業主の手元に置かれた。それは多額の金銭を切り回していく事業者家族の家計構造が規定するところが大きい。

　家族従業者への報酬に関する社会制度を見ても、家族内での過程を見ても、小規模企業に広く見られる家族経営には、ジェンダー不平等が埋め込まれてきた。この体制の歴史的構築過程は、より広く検証する必要がある。制度・政策の展開とその効果、またそれに対する中小企業者自身の運動をさぐっていくことが重要だ。例えばひとたびないものと定められた家族従業者の労働の経費性を、当事者

たちが批判し続け、一定の変容を促したことは見逃すべきでない。しかし、原則をくつがえすこともまたできていない。制度も政策も、歴史的に形成され、今日に至っている。これは未解明の研究領域として残されている。また、事業主家族の行動と意識も、たんねんな事例研究が必要な段階にある。家族内部のメカニズムがより深められるべきである。

　いずれにしても、生活や家族と労働が入り混じり絡み合う、小規模企業での家族の労働は消滅する運命にあるのではなく、現代にも息づいているものである。しかし、その分析は決して十分とはいえない。たんねんな事例研究が限られたことにより、事業者家族内部の不平等は、あっても問題を起こさないものとして見過ごされてきたのではないだろうか。この中で社会学が貢献できる余地は大きい。社会学は人々の生きられた経験を探り出し、他者が理解できるように記述し、そこから主体をとりまく構造を指摘し、その問題を問う。数量的分析や聞き取りに関する方法を磨き、歴史や制度、社会運動にも関心を寄せ、いくつもの方法や視角を組み合わせ、とりこむ柔軟さを持っている。その特性を生かし、人々の労働経験に向き合うことにより、労働社会学は他の領域に貢献していけるに違いない。

〔謝辞〕　二次分析に当たり、東京大学社会科学研究所附属社会調査・データアーカイブ研究センター SSJ データアーカイブから「日本版 General Social Surveys〈JGSS2010〉」（大阪商業大学）の個票データの提供を受けました。日本版 General Social Surveys（JGSS）は、大阪商業大学 JGSS 研究センター（文部科学大臣認定日本版総合的社会調査共同研究拠点）が、東京大学社会科学研究所の協力を受けて実施している研究プロジェクトです。

　　本論文は JSPS 科研費 JP18K01801 の助成を受けた 2018 年度の研究成果の一部です。日本労働社会学会第 30 回大会およびプレシンポジウムでは、貴重な質問や意見をいただきました。出席者および研究活動委員の皆さまに感謝申し上げます。

〔注〕

1　例えば、戦後日本で提唱された労働社会学の構想において、その研究対象と設定されたのは、当時従業者数の過半数を占めていた自営業層ではなく、雇用労働者層である。例として松島静雄の論考（松島 1952a; 松島 1952b）を参照されたい。こうした中で中野（1978）に収録される中野卓の一連の研究、間（1954）、鈴木（1969, 1980）は希少なものである。

2　例として労働省（1964）、中小企業庁・日本商工会議所（1976）、中小企業庁・全国商工

会連合会（1976）、日本商工会議所・中小企業庁（1976）、中小企業庁・全国商工会連合会（1982）、日本商工会議所・中小企業庁（1982）などがある。

3　具体的には渡会（1977）所収の冒頭論文である。この議論は批判的な検討が行われることなく、引用され、準拠枠として用いられてきた。しかしこれは実証的な基礎から出発したものだと思われない。

4　これらの論者の視点や記述のポイントはそれぞれ異なる。岡山礼子は高度成長の中で零細経営が大・中企業の下請体制に置かれ、激しい競争に置かれるなか、睡眠時間や家事時間を削り、女性たちが基幹労働力として働く構図を描いた（岡山1970）。足立喜美子は統計調査や行政調査を用い、彼女たちの長時間労働と就業志向を記した（足立1970）。君塚宏は全国商工団体連合会（全商連）の独自調査などを用い、女性たちがさまざまなことを同時的に行う、すなわちその時間がさまざまな労働や活動を同時に含みこむ「複合的性格」を強く持つことに留意を促している。また、全商連婦人部を例に、女性たちによる運動の展開を記している（君塚1978）。庄谷怜子・菰渕緑は西陣織の担い手を事例に、多様な生産労働と家事に長時間従事しつつ、その労働は客観的に評価されないこと、彼女たちが「家」のなかに組み込まれた存在であることを示した。また、彼女たちを社会保障に包摂する必要性を訴えた（庄谷・菰渕1981）。

5　次に述べる天野正子による研究以降も、安井幸二・田中夏子・古田睦美による長野の町工場調査（安井・田中・古田1996）、徳井美智代による一連の町工場調査（徳井2009; 徳井2011; 徳井2013）が続けられている。

6　これらの団体による運動の概略は、全国青色申告会総連合（2010）、全商連史編纂委員会（1991）に依拠した。後者の記述によれば、業種別団体もこの運動に加わった。

7　事例は東北の大量生産型織物業を分析した宮下（2012）、北陸の同産業の分析である宮下（2014）、宮下（2015）において用いたものであり、仮名は共通している。上述論文内で記載した東北13社、北陸14社の聞き取りは小規模企業中心であり、中規模企業を含む。現元経営者もしくはその配偶者に対して、これまでの生活・労働過程に関する回顧的聞き取りをおこなったものである。

〔参考文献〕

足立喜美子（1970）「第十章　小企業婦人の問題点」松下圭一『現代婦人問題入門』日本評論社。
天野正子（1983a）「零細企業における主婦の役割構造」『国民金融公庫調査月報』No.264。
天野正子（1983b）「零細小売業主婦の労働と意識」『金城学院大学論集社会科学編』第26号。
天野正子（1986）「小規模自営業で働く主婦の労働と生活過程」『国民金融公庫調査月報』No.297。
中小企業庁（2015）『小規模企業白書2015年版』。
中小企業庁・日本商工会議所（1976）『大都市における小規模企業総合調査報告書』。
中小企業庁・全国商工会連合会（1976）『小規模事業対策調査報告書―町村部における小規模企業総合調査―』。

中小企業庁・全国商工会連合会（1980）『小規模事業婦人経営者の経営志向および地域活動への参画意識等に関する調査』。

中小企業庁・全国商工会連合会（2015）『商工会地区における小規模企業総合調査』。

深沼光（2011）「新規開業企業における家族従業員の役割」日本政策金融公庫『調査月報』2011年1月号。

橋本健二（2001）『階級社会日本』青木書店。

橋本健二（2018）『新・日本の階級社会』。

間宏（1954）「一工業地区における経営と労働者」『社会学評論』17。

伊賀光屋（2000）『産地の社会学』多賀出版。

石井淳蔵（1995）『商人家族と市場社会』有斐閣。

君塚宏（1978）「商工自営業婦人の生活と要求」黒川俊雄・嶋津千利世・犬丸義一『現代の婦人労働第三巻　労働者の生活と家事・育児』労働旬報社。

国税庁（2000）『国税庁50年史』。

黒川功（1994）「戦後家族における身分関係の変化と親族所得の『合算課税制度』(1)」『日本法学』60（2）。

松島静雄（1952a）「労働社会学の構想と課題」尾高邦雄『労働社会学』河出書房。

松島静雄（1952b）『労働社会学序説』福村書店。

宮下さおり（2012）「経営者の妻の事業関与」『九州産業大学国際文化学部紀要』51。

宮下さおり（2014）「経営者の妻が果たす役割－北陸織物業における経営者家族の分析から」『現代女性とキャリア』6。

宮下さおり（2015）「家族従業者に対する報酬発生の規定要件：北陸織物業の史的分析から」『ジェンダー研究』17。

中野卓（1979）『下請工業の同族と親方子方』御茶の水書房。

日本商工会議所・中小企業庁（1976）『中都市部における小規模企業総合調査』。

日本商工会議所・中小企業庁（1982）『大・中都市部における小規模企業総合調査』。

野村正實（1998）『雇用不安』岩波書店。

岡山礼子（1970）「都市自営業者家庭の主婦」一番ヶ瀬康子・小山隆編『現代婦人問題講座4　家庭と社会』亜紀書房。

労働省婦人少年局（1970）『製造業女子家族従業者の生活実態に関する調査：調査報告書』。

労働省婦人少年局（1971）『卸売業、小売業女子家族従業者の生活実態に関する調査報告書』。

鈴木春男（1969）『中小企業に働く人びと』日本労働協会。

鈴木春男（1980）「小零細経営と家族」青井和夫・庄司興吉編『家族と地域の社会学』東京大学出版会。

庄谷怜子・菰渕緑（1981）「西陣機業に働く婦人の生活と課題」柴田悦子編『現代生活と婦人』大月書店。

徳井美智代（2009）「小零細企業における業主の妻の役割」『日本中小企業学会論集』28。

徳井美智代（2011）「小零細企業において業主の妻が経営に果たす役割」『労働社会学研究』12。

徳井美智代（2013）「小零細企業の経営と労働の実相」『日本中小企業学会論集』32。

渡会重彦編（1977）『日本の小零細企業（上）』日本経済評論社。

安井幸二・田中夏子・古田睦美（1996）「地域中小企業の現状と女性労働」『長野大学紀要』18
　　（2）。

全国青色申告会総連合（2010）『青色申告会六十年のあゆみ』。

全商連史編纂委員会（1991）『民商・全商連の四〇年』全国商工団体連合会。

—— 日本労働社会学会年報第30号〔2019年〕——

シンポジウム〈生活という視点から労働世界を見直す〉に寄せて

熊沢　誠
（甲南大学名誉教授）

シンポジウムの問題意識

　労働社会学会・研究活動委員会が30回大会記念シンポジウムのために設定した総合テーマは、〈生活という視点から労働世界を見直す〉であった。その問題意識は次のように提示されている——日本社会はあたかも労働のために生活があるかのように形成され、「労働者は個人の都合よりも企業の都合を優先しなければならないという規範を生きざるをえ」ない。この「企業中心社会」はそして、ときに企業の要請にすりつぶされる労働者を生み出す一方、家事・育児・ケアに携わる「労働力の再生産領域」にはもっぱら女性を配置するという不平等な性別秩序をもたらしてきた。だが、今こそ、ジェンダーや環境や地域が生活にとってもつ不可欠な意義を凝視することによって、私たちの生活が労働に従属しているという、ある意味では日本特有のいびつな関係を見直さねばならない……。それはまことに納得しうる認識ということができよう。

　長年、企業社会というものの考察を重ねてきたとはいえ、以下の報告のどのテーマにもさして見識のない私が総合コメンテーターの責務をお引き受けしたのも、ひとえに上の問題意識への共感のゆえである。以下の小論は、このシンポジウムの諸報告から「初学」の私が新に学んだこと、とはいえ主として諸報告の内容と全体のテーマとの関わりという点ではいくらか物足りなく思われたこと、そしてこの「関わり」について若干の私見を披瀝すること、それらを、論理的にというよりは印象記風に記すものにすぎない。

鎌田とし子のメッセージ

　このシンポジウムには、労働社会学会の創始者でもある鎌田とし子（敬称略、以下同じ）から、「『30周年記念大会』に寄せる」メッセージが寄せられ、その文章が本誌に再録されている。鎌田はここで、「現場主義」を重視する方法にもとづく、労働者がおかれてきた総じてシビアな状況のあくなき実態把握の必要性を示唆するとともに、その状況に抗ってそこを変えてゆこうとする「変革主体」の形成を予感するスタンスに立つことの大切さを強調する。鎌田の言う「斬り返し」の論理の模索である。とはいえ、私が共感を覚えたのはむしろ、当日には配布され、本誌にはどうしてか再録されていない「三〇周年記念大会に寄せて――再度のメッセージ」であった。その文書では、これまで以上に過酷な現時点の状況に身をすくめるばかりの頼りない目前の労働者のありようへの、怒りにも似た批判が直裁に表現されていた。そのうえで鎌田は、この現在の労働者の心性をどうすればいいのか？と問うている。

　率直に言って、私はすでに、鎌田がなお擁する、「階級的連帯」へのおそらく潜在的な期待を喪っている。しかし、女性もふくめて、今や日本の労働者がおよそ思想の自立性というものを手放していることを危機と痛感している点では、鎌田の「再度のメッセージ」と立場を同じくする。小論の最後に記す私なりの労働者主体性論は、鎌田の暗黙の問題提起と響き合うところがあるといえよう。

　では、三つの主報告についてかんたんながらコメントを加えよう。

古田睦美報告へのコメント

　古田睦美の第1報告は、これまでの資本主義的「開発」の目的、「サブシステンスからの引き上げ」を疑問視する「サブシステンス学派」の視点にもとづいて、経済システムや労働を「捉え直」そうとする野心的な試みであった。「いのちの維持と再生産」をこれからの社会の編成原理とするために、これまで「水面下」にあってともすれば不可視とされてきた周辺部、農村、家庭内における広範な女性のアンペイドワークがもつ、社会と生活にとっての不可欠性を確認しよう、思

えば持続可能な生存と再生産の営みのほとんどはひっきょう、家事、育児、自給的食料生産、介護、ケアなどのアンペイドワークなのだ──というのである。全体としての労働のなかにおける賃金労働の部分性への自覚を促す、それは資本主義化・近代化を相対化する思想といえよう。そのうえで古田はいくらか現実の事象に接近し、ペイド・アンペイド労働の均衡をはかるオランダモデルやさまざまのかたちをとるワークシェアリングの意義を語り、日本における過度の性別役割分業にも言及している。

もともとグローバルでマクロな視点からの演繹的考察になじみの薄い私は、古田のこのような問題提起には教えられるばかりであった。だが、それだけに、古田睦美は、この報告を、現時点の日本、とくに企業社会とそれが支配する現実の労働の営みとすりあわせるときかならず生まれるきしみというものを聴いていないのではないかという不満が残った。古田報告の多くの時間はマクロの学説の内容紹介にあてられていて、レジメの終わり近くにある「労働過程の編成」などはほとんど語られなかったことも、その系論といえよう。現代日本の職場における強靭な性別職務分離、家庭における執拗な性別役割分業を克服する道筋や、有効な政策としてのワークシェアリングの困難などは、論旨の流れからみてもっと立ち入られるべきだったと思われる。報告は生活の視点から労働を見直すというシンポジウムのテーマの遥か上空を駆けぬけたようである。

鈴木玲報告へのコメント

鈴木玲の第2報告は、古田とは対照的に、60年代の代表的な公害都市、富士市を舞台に、企業別組合・大昭和製紙労組の「公害対策」を、市民運動組織との距離感を意識しながら考察したものであった。詳細で具体的な内容の紹介はここでも省くけれども、鈴木報告のおもしろさは、チッソ第一労組やゼネラル石油精製労組のような、被害住民と連携して自社の公害告発に踏み切った「戦闘的」労働組合ではなく、日本で広くみられる大企業の「労使協調的」または「労使協力的」な企業別組合を考察対象にしたところにあるかにみえる。大会記録や組合幹部の発言の丹念な参照から明らかにされたこの組合のビヘイビアは、たとえば、

公害をもっぱら「職場の安全」という組合アジェンダの文脈で捉え、その有害物質が従業員にもたらす現実の危険性の程度は問わぬままパトロールなどを行う、当企業の地域への財政や雇用面での貢献を強調して、住民の操業停止などの要求に対しては断固反対する、自社の公害対策費の負担に配慮する、ときに従業員も公害の「加害者」にほかならないとみなして企業内の内部告発を促しもする住民組織に反発する……などである。そうした対応はあまりに、まことにそうだろうなと「納得的」で、しばしば苦笑させられたものである。大昭和製紙労組とは別組織の労働団体──単産の紙パ労連、地域では地区労、国労や自治労などは富士市の公害にいくらか異なるスタンスをとったこともかんたんながら摘出されている。要するに、企業別組合の体質というものをよく実証的に明らかにした、これは有意義で興味深い報告であった。

　鈴木報告は、とはいえ、はじめに掲げた「研究上の問い」のひとつ、「労働組合員＝労働者個人は公害問題にどう向き合ったのか、組織を離れて個人として（公害反対の）運動に関与することができたのか」には及んでいない。調査は組合代表などの公式発言記録などに留まる。ふつうの労働者個人へのヒアリングは難しかっただろう。それを承知であえてつけくわえれば、住民組織（市民協）に加わった少数の従業員が、職場の同僚から「浮いた」り、労務管理上の処遇で不利に扱われることはなかっただろうか？労働者自立の主体的な思想や職場のいじめに対する私の関心はともかくとしても、シンポジウムのテーマに即するならば、省略された「研究上の問い」のせめて入口にはふれてほしかったのである。

宮下さおり報告へのコメント

　最後の報告者、宮下さおりのテーマは「小規模企業における事業主の妻の労働と金銭的報酬」である。大会の7週間ほど前のプレシンポジウムで宮下の予備発表を聞いたとき、実は私は、内容が盛りだくさんにすぎてとりとめないと感じ、辛辣な評言をした記憶がある。だが、大会シンポジウムでの報告は、テーマが的確にしぼられ、論旨がみごとに整序されたプレゼンテーションであった。

　家族従業者は、女性労働力のうち1960年の時点でも43％で、なお41％の雇用

者（労働者）を凌ぐ大勢力であったけれど、彼女らが担う「自営業を手伝う」労働はどうしても課せられる家事と混ざり合い、金銭的報酬の制度も水準も一定ならず、また家業内の多様な存在ゆえに把握が難しかった。宮下はなにが彼女らの報酬のそうした曖昧さと低さをもたらすのかを問い、事業者の妻の報酬に対する税制などの性差別的な公的枠組みの不備を指摘する一方、宮下の重ねてきた東北・北陸の中小織物業でのヒアリングにもとづいて、事業所内分業にもとづく妻たちの仕事の具体像と、報酬の諸形態を考察する。彼女らの金銭的報酬の類型を、①無報酬（必要なときだけ夫＝事業主からもらった）／②小遣いをもらった／③月給をもらった／④無報酬だがお金は自由に使えた──にわけて、それぞれのヒアリング回答を示すところが白眉である、もっともレジメには記された彼女らの語りそのものは報告ではかなり省略されていたけれども。無報酬または「小遣い程度」の家族従業者よりも、いちおう制度的に賃金を受けとる雇用者（労働者）である方が自由ではある。しかし、興味深いことに、その「月給」のゆくえも、事業主（夫）に回収される、使途を指示される、または彼女自身が使途を自己抑制する……など多様である。いずれにせよ、ここからは、家業を支える妻の矜持や責任意識、家父長制的なジェンダー構造に対する妻の内面化と一定の反発、自由になるお金を得ることの否定しがたい自由の感覚など、この世界に生きる女性のリアルなありようが浮かび上がる。産業構造やジェンダーのしがらみのなかで不可視だった女性の働き手たちの人間像を掬う、こうした研究スタイルに私は共感を禁じえない。

　もちろん望蜀の思いはある。2017年現在、女性労働力のうち雇用者は2590万人・91％であり、家族従業者は121万人・4.2％に減少している。しかし、小経営の困難とジェンダー差別の重なる領域に位置する多様な家族従業者の考察はなお重要であろう。その際、東北や北陸の織物業での彼女らのある意味で「伝統的」な存在と意識のリアルは、たとえば都会の若い世帯の営む飲食店での妻たちの家族従業のリアルとはかなり異なるのではないか。宮下には家事従業者の業種や世代によるタイプわけも期待したい。また彼女らの賃金労働者化（賃金制度と収入額の確定）の評価をめぐっては、宮下さおりと、資本主義化を相対視する古田睦美の間に、対立的ではないにせよいくらかの討論があってもよかったように

思われる。

必要な分析軸——現代日本における労働者の心性と思想

　以上は、三つの報告に対する、私の偏った関心にもとづく恣意的なコメントにすぎない。私は、たとえば古田報告を正当に評論する能力や見識を欠くことを自覚したものの、どの報告についても新しく学ぶところがあった。しかしながら、「最後に一言」を求められたとき、私は要旨およそ、テーマの問題設定に即した報告・討論であったかという点では、このシンポジウムは成功とはいえなかったのではないかと無愛想に述べている。

　このシンポジウムでは、企業社会の要請を正面から論じる報告者をもたなかったこともあって、個人の生活を企業の要請に従属させる「規範」を撃ち、「生活という視点から労働世界を見直す」契機を見いだすことはできなかったと思う。それゆえ、その空隙を埋めうる自信はないけれど、以下にいくらかの私見を展開し、大方の批判を仰ぎたいと思う。実はこのくだりはシンポジュウムの場では諸報告へのコメントに先駆けて述べたことではある。

　素直に考えれば、シンポジウムの課題は、市民・住民であるとともに多くは企業社会に属している従業員が、個人生活のニーズと企業の業務上の要請とのせめぎあいのなかをどう生きるかであろう。この難問に接近するためには一本の「補助線」、言い換えれば新しい分析軸が設定される必要があるように思われる。それは、現代日本の労働者の思想や心性のありかたにほかならない。上のせめぎあいのなかにある労働者の生活スタイルはひっきょう、彼ら、彼女らの心性や思想にもとづいて選択されるからである。

　もう少し具体化すれば、日本の労働者も、（A）企業労働への没入の志向と（B）個人・地域の生活——家庭生活であれ余暇であれ——を重視する志向との、あるバランスをつねに意識している。シンポジウムのよびかけは、おそらく（A）から（B）への移行であろう。その問題意識は正当である。しかしその際、次のような諸点が留意されなければならない。これまでの研究で私が気づいてきたことを、論理的な厳密さや「数的証拠」はさておいて、思いつくままに記したい。

　その1。もともと（A）と（B）の相対関係には変化と多様性がある。くわしく例示するまでもあるまい。「変化」の要因は、ひとつには日本経済の成長と停滞の局面変化であり、今ひとつには世代に制約される家族史の段階である。一方「多様性」の主要な要因は、ジェンダー（性差）や労働者のなかの階層・職種である。ちなみに私は、日本の労働者のビヘイビアの動因を総じて〈強制された自発性〉と把握するけれども、その場合も、まさしく上と同じ諸要因に影響されて、〈強制〉と〈自発〉の「混合比」は、その従業員が、家族史のどの段階にあるか、エリート階層かノンエリート階層かなどによって、変化と多様性を帯びるのである。

　たとえば、総合職的、専門職的、管理職的な業務のいくつかには、ときに（B）をほとんど顧みずひたすら（A）に没入する、そんな生きざまを悔いなく従業員に選ばせる仕事そのものの魔力が潜むことを否定できない。その魔力に身を委ねるのは、これまではもっぱら高学歴の男性であったが、現時点では、一部のエリート的な職務の女性にも浸透しつつある。

　その2。しかしながら、総じて日本の労働者は、「個人主義」が脆弱であり、働き方の志向性はいつも（B）よりは（A）に傾いてきたという、よくみられる診断は正確ではあるまい。エリート階層ではなく多数派のノンエリート労働者に注目しよう。誤解を怖れずに持論を展開するならば、これらふつうの労働者たちはむしろ、心の中の選択はいつも（B）、「生活第一」であった。とはいえ、ここが枢要のポイントである。企業社会のなかで高度成長期このかた徐々に浸透して強化され、そして平成不況以来いっそう熾烈化した能力主義的な選別の企業労務ゆえに、労働者は、本来の願いである個人生活の維持・安定・充実（B）のためには、会社で高い評価を受けねばならない心性に誘われて、企業の業務に過剰なまでに献身的たらざるをえなかった。つまり（A）を選ぶ選択に追い込まれてきたのだ。加えて、厚生年金と国民年金の大きな給付格差にみられるように、この国では雇用上の身分を問わぬ平等な給付がなされる普遍的な社会保障制度の乏しいことが、人びとの企業のそこそこ安定した従業員身分への固執をさらに強めている。個人生活を大切にすればこそ、たとえば過度の残業といった企業の要請を

のみ込まねばならない。要するに、日本のふつうの労働者・サラリーマンは、「個人生活のため」と「企業業務のため」とを峻別する発想を、いわば禁じられてきたのである。

　〈強制された自発性〉の文脈から、こう説明することもできる。日本のノンエリート労働者層の場合、働き方の選択には、〈自発性〉の側面よりは〈強制〉の側面がつよいとはいえよう。けれども、彼ら、彼女らの働き方はまったく受動的で、そこにいささかも〈自発〉の要素もみられないというわけではない。高度成長期には階層上昇のため、低成長期には「落ちこぼれない」ため、いずれにせよ無理ながんばりを重ねて個人生活を安定させようと苦闘するのは、ふつうの労働者たちのそれなりに自発的な選択であった。ここにはまた、エリート・ノンエリートの階層区分が欧米のようにきっぱりと明瞭ではない年功制のもつ一種の「平等性」が、厳密には建前の平等性が、大きな役割を演じている。言いかえれば、(A) に殉じて悔いない一部エリート層の働き方に、本音の心情では (B) のノンエリート層の働き方も牽引される関係が、日本の職場の特徴なのだ。こうして、私たちの国では、シンポの企画者のいう「労働者は個人の都合よりも企業の都合を優先しなければならないという規範」が支配的になるわけである。

　その3。「その1」、「その2」は主として男性を想定した叙述であるが、もちろん以上のすべてには性差がまとわりついている。「その2」でみた「変化と多様性」はあれ、端的にいえば、多くの女性たちはどちらかといえば (B) 志向であった。しかし、だから女性が (A) 志向に対抗する位相に立つとはいえないだろう。あくなき企業の要請から身を遠ざける〈被差別者の自由〉と、企業の要請に抗うスタンスとは同じではないからだ。かつて木本喜美子が『家族・ジェンダー・企業社会』(1995年) において分析したように、ふつうの女性もジェンダー規範をまぬかれない専業主婦となって、夫の (A) 志向を支え、ひいては企業社会を支えてきたからである。このシンポジウムには、たとえば木本のような考察の報告も必要であったと思う。80年代の頃から、多くの女たちは〈パート労働＋家事・育児専担〉のありように変化したけれど、それが企業社会の従来の規範を動揺させることはなかったのである。

企業社会の「持続可能性」を問う

　以上の私見が、この野心的なシンポジウムの「課題」にとってなにか決定的な視座を提供しえたという自負はまったくない。けれども、私なりに課題を受けとめていえば、（A）⇒（B）の政策論は、たとえば上に述べた「その1〜その3」に到る諸点を視野に収め、現代日本の労働者の思想的・心性的な主体性に正面から向き合って展開されねばならないだろう。発案者もおそらく自覚するように、ワーク＆ライフバランスの一般的な鼓吹は空しい。有効な考察のためには、企業内の労働と労働者のリアルを凝視する企業社会論の報告がやはり不可欠であった。

　諸報告がジェンダー、再生産領域、地域環境、家族従業など、これまで「労働問題研究」が軽視してきた諸領域をそれとして考察することの大きな意義を、私はいささかも否定するものではない。けれども、ふたたびシンポジウムの問題設定に立ち返ろう。私たちの目前には今、総じて既存の企業社会が生み出した幾多の社会的なひずみが確かにある。たとえば、非正規労働者など企業保障に抱擁されない貧困者の累積、「家計支持者」としての女性の増加、性別役割分担や性別職務分離の慣行に対する彼女らの反抗、それらとどこかで関係する従来型の家族形態の崩壊、危機的なまでに進行する少子高齢化、他方では従業員たちの過労死・過労自殺や「心の危機」の頻発……。たとえ企業外の問題から接近するとしても、労働社会学に必須の要請は、それらの深刻な社会問題が、さしあたり（A）志向のサラリーマンが活躍する従来の企業社会をどこまで、その「持続可能性」が疑問視されるまでに動揺させているのか、その考察であろう。労働研究も終期を迎えた私が渇望したのは、それぞれに興味ぶかい諸報告の分析と目前の企業社会の規範との、おそらくはきしみを立てる関係へのアプローチであった。

—— 日本労働社会学会年報第30号〔2019年〕——

ポスト工業社会における労働者の共同性と個人契機の記述
—— 河西宏祐の「労働者文化」論の可能性 ——

松永　伸太朗
(長野大学)

永田　大輔
(明星大学)

1．問題設定

　日本の労働研究では、1970年代以降から、大企業製造業に従事する男性の組織労働者を中心とする社会像が崩れ始めたことについて、「ポスト工業化」などの用語で議論してきた。とくに社会学では、新たな労働者の連帯や共同性のあり方が模索されるようになった。本稿では、既存の労働社会学が労働者の共同性の問題について伝統的に労働組合を取り扱ってきたことに着目し、それらをめぐる議論を再検討しつつ、労働社会学が取り得る別様の方向性として、労働者が労働者組織を必要とするような個人的な契機に着目することの有効性を論じる。

　第二次産業中心の社会から、第三次産業中心の社会への変化は「ポスト工業社会」と呼ばれ、雇用労働への影響が論じられてきた（藤田 2008）。こうした動向に伴う一つの変化が、雇用の流動化である。Kalleberg（2000）は安定的な雇用保障を欠いた「非標準的労働編成」の増加を論じている。また、Pink（2001＝2002）は、ポスト工業化に伴い生まれた新たな職種の多くが個人請負によって担われていることを指摘している。これらは、労働社会学が従来対象としてきた労働者の共同性の基盤を脅かすものとなりうる。

　労働者の共同性という文脈の中でも、伝統的に労働社会学が注目してきた対象として、労働組合がある。とりわけ、日本的雇用慣行とも関連して、企業別労働組合の社会学的研究が膨大に蓄積してきた（尾高 1962; 稲上 1981; 河西 1981; 2007; 坂編 2015; 飯嶋 2016など）。しかし、労働組合組織率が低迷していること、そして企業別組合がしばしば「女老外」（女性・高齢者・外国人）に加えて非正

規雇用労働者を包摂しない傾向があったことを背景として、企業別組合を労働者が主体性を発揮する場として捉えることには困難を生じつつあるように思われる。たとえば、飯嶋和紀（2016）は労働組合の認知度が低下し、影響力が乏しくなっていることに危惧を表明している。また、橋口昌治（2011）はポスト工業社会においては個人が抱える問題も断片化し、以前のように集団の問題を集団で解決するという方針が取りにくくなっており、そのなかでいかなる労働運動が可能かという課題が生じていることを論じている。

　こうした動向のなかで、2000年代以降から注目されているのが、社会運動ユニオニズム（Social Movement Unionism: SMU）や個人加盟ユニオンといった、新たな労働者組織である。これらの組織は、ジェンダーやエスニシティなどの社会的属性に連帯の基盤を求めることによって、労働者間の断絶を乗り越え、労働者が企業別組合とは異なる主体性を発揮する場となることが期待されている。以下で詳しく論じるように、すでにいくつかの成功事例が取り上げられ、それを可能にしたさまざまな背景が社会学者によって考察されている。

　本稿も、労働者の断絶を乗り越えいかにして共同性を構築することが可能かという問題は上記の研究群と共有している。だが、ポスト工業化の中で労働組合の存在感が低下してきたことを踏まえるならば、労働者がそうした組織に関心を有するようになる契機を見いだすためにいかなる視点が必要かについて考察する必要がある。

　本稿では、そうした視点を与えることを可能とする考え方を、企業別組合の研究で功績を残した社会学者である河西宏祐の議論が内包していたことを論じる。河西は、少数派労働組合研究で功績を残したが、単に労働者階級が連帯を形成し資本に抵抗するというよりも、労働者個人がそうした連帯を求める契機はいかにして可能かという問いに独自の枠組みを練り上げていた。本稿では、SMUや個人加盟ユニオン研究の内実を検討したうえで河西の視点を有効性と課題を示し、その課題を乗り越えるうえでの河西の枠組みにいかなる修正を加えるべきかについて議論する。

２．先行研究

　労働組合を対象とした研究には、労働社会学内外の労働研究で膨大な蓄積が存在する。ここでは、伝統的に日本の労働研究の中で営まれてきた企業別労働組合の研究と新しい労働者組織の研究動向を検討し、その両者から本稿で議論するべき論点を設定する。

（1）企業別労働組合研究

　労働社会学は、その黎明期から労働者階級による連帯とそれによる資本への対抗というマルクス主義的な枠組みを背景としつつも、それをさまざまな仕方で受け止めつつ展開してきた。一つの論点となってきたのが、日本企業の強い共同体的性格が、労働者にとっていかなる意味をもつかという点である。そこでは、日本企業が男性正社員を中心とする明確な成員性を有していることの是非が検討されてきた。たとえば松島静雄（1979）は、戦後における労働者の生活保障が企業の労務管理によって担われていることを肯定的に評価している。一方で間宏（1974）は、日本の企業共同体が集団主義的な組織から脱却しておらず「狂気の勤勉」を導くと論じた。また稲上毅（2005）は企業共同体が「女老外」の排除を伴っていることを指摘した。これらの論者は、企業が労働者にとって持つ意味を評価しつつ、労働者の主体性の発揮という観点から、日本の企業組織が労働者の主体性の発揮の場とはなりえていないことや同じ労働者階級に属する労働者達の中でも断絶が見られることを指摘している。このように、労働社会学は労働者が主体性を発揮できる共同体を模索し続けてきたのである。

　そのなかで注目されてきたのが労働組合、とくに企業別労働組合である。日本的雇用慣行が問題となった当初から、終身雇用慣行や年功賃金と合わせて、企業別組合はその重要な一要素とされてきた（経済協力開発機構編 1972）。このような問題意識の中で、経済学を中心に展開されたのが、日本の年功的労使関係に基づく内部労働市場と、企業別組合の相補性という論点である（白井 1980）。とくに小池和男（1977）は、そうした相補性の議論を念頭に置きつつ、労働組合の組織や機能に関する日米比較調査を行った。その結果、日本の労働組合が仕事上

の問題に強い発言力を有することや、アメリカにおける従業員組織との類似性を明らかにした。これらの経済学を中心とした研究群は、労働組合の「経営内的機能」[1] (河西1981)、つまり経営に直接貢献する機能に着目し、実証研究を通してその評価を行ってきたものだと位置づけることができる。

それに対し、社会学的な立場からなされた労働組合研究では、河西（1981）の「経営外的機能」（経営に直接資するわけではなく、関与する労働者に利益をもたらす側面）という概念に代表されるように、労働組合が労働者の共同性の基盤となっていることに注目する研究が蓄積してきた。まさにこの側面に労働組合研究における社会学独自の視点を設定することを試みたのが河西宏祐の一連の研究である（河西1977; 1981）。とくに河西（1981）では、少数派労働組合への聞き取りや参与観察調査に基づき、組合が職場外の生活にまで関与する連帯の場となっていることが明らかにされている。稲上（1981）も、国鉄動力車労働組合（動労）への集中的な聞き取り調査から、組合員が寝食を共にするような濃密な人間関係を形成しており、それが連帯の基礎となっていることを論じている。これらの研究は、労働組合という共同体を基礎としつつ、労働者が互いに連帯し助け合う共同性を築いていることを指摘している。

このように、とりわけ社会学の企業別組合の研究は、それが持つ多様な機能を解明することに貢献し、「経営外的機能」に独自性を見いだしてきた。しかし、前節でも論じたように、企業別組合がその存在感を減じるにつれて、徐々にそれを研究対象とすることに疑義が呈されるようになっていく。

(2) 新しい労働者組織の研究

そのような中で注目を集めるのがSMUと個人加盟ユニオンに代表される[2]新しい労働者組織である。SMUの定義は研究者によっても異なるが、福井祐介（2005）は「既存労使関係制度の中で安定した労働組合とは異なった組織運営や組織化方法をもちいて、非正規労働者、女性、エスニックグループなどを対象とする労働運動」と定義している。個人加盟ユニオンとは、遠藤公嗣（2012）によれば、企業横断的に存在し個人でも加盟できる合同労働組合のうち、「地域組織援助型」「一般組合転化型」「特定労働者志向型」のいずれかにあてはまるもの

を指すとされる。

　これらの新しい労働者組織が日本において注目を集めるようになったのが2000年代以降[3]であることと関連して、国内外の事例に関する研究を積み重ねようとする動きが見られる。国際労働研究センター編（2005）では、アメリカで展開されたSMUの事例が全21章にわたって紹介されている。遠藤公嗣編（2012）では、日韓の個人加盟ユニオンや労働NPOの取り組みに関する論文がまとめられている。これらの研究群は貴重な事例を取り上げており、理論的な検討に値する論考も見受けられるものの、全体としては統一的な視点を欠いた事例集としての側面が大きい。このことの一因は、伝統的になされてきた企業別組合研究との連続性が捨象されて論じられていることにある。

　数少ない例外が小谷幸（2013）である。小谷は遠藤の分類で言うところの「特定労働者志向型」に焦点化しており、その中でも最初期に設立された「東京管理職ユニオン」（1993年結成）と「女性ユニオン東京」（1995年結成）に着目している。小谷はこの2つの個人加盟ユニオンへの調査を通して、個人加盟ユニオンが有する機能の考察を試みている。その中で、小谷は河西（2001）の組合員の主体的参加の程度や組合活動への評価に着目する「主体性」論に即して自身の分析枠組みを設定している。小谷は、組合研究を「経済的機能重視」と「社会的機能重視」に分類し、後者に着目した研究を個人加盟ユニオンでも遂行することの重要性を主張している。小谷のいう経済的機能／社会的機能という区別は河西の「経営内的機能」／「経営外的機能」という区別と重なる仕方でなされている。

　小谷の研究は河西の指摘を活かし展開されている点で重要だが、ポスト工業化の動向に照らしたときには、さらなる課題が指摘できる。つまり、個人加盟ユニオンに加入する以前に、そもそもいかにして労働者はそうしたユニオンへの関心を有するようになるのか、という点である。ポスト工業化の文脈のもとでは、労働者の個人化は進行し、以前にもまして自らの問題を集合的に解決することを志向しにくくなっていると考えられる。

　むしろ、SMUや個人加盟ユニオンといった新しい労働者組織の研究が重要であるのは、企業における成員性を共有しないにもかかわらず、一定程度の労働者の関心を引きつけ、組織化できている点にある。しかし、その組織化ができるこ

との前提とは何なのだろうか。

　本稿では、新しい労働者組織の研究がいかにして労働者が組織される過程を論じているかに着目し、そこにある課題を析出する（3章）。その課題を解決するうえで、個人がいかに自らの境遇を受容するのかに着目する視点が必要であり、河西の議論がそうした視点の可能性を用意していたことを論じる（4章）。こうした手続きを通して、河西の貢献を新しい労働者組織研究の文脈で引き継ぐための別様の仕方を提示する。

3．新しい労働者組織の経験的研究

（1）SMU・個人加盟ユニオン研究における共同性

　新しい労働者組織に関する実証研究としては、コミュニティ・ユニオンとNPOの類似性を扱った福井（2003）、産業別組合地域支部のコミュニティ・ユニオンとしての活動を扱った兵頭淳史（2013）、若者が個人加盟ユニオン等を通して労働運動に参加していく過程を描いた橋口（2011）、日韓の個人加盟ユニオンや労働NPOの実態を描いた遠藤編（2012）がある。本章では、中でも労働者が形成している共同性に焦点を当てているSMUや個人加盟ユニオンの事例研究に着目し、それらがどのような調査や分析手続きによって労働者の共同性を論じているのかについて検討する。具体的には、前章でも取り上げた小谷（2013）と、SMUの事例研究でかつ労働社会学に理論的な貢献を果たしていると思われる中根多惠（2017）と山田信行（2014）を取り上げる。

1）組合員の意識変容としての社会的機能

　小谷（2013）は、「東京管理職ユニオン」と「女性ユニオン東京」を対象として、アンケート調査・インタビュー調査・参与観察といった集中的な事例研究を行っている。個人加盟ユニオンを総合的に対象にせず、2つの事例に特化して研究を行うことの意図について、小谷は「組合員の自己変容のプロセスを再構成し、一般組合員の『当事者の論理』に迫ること、また社会的機能としての組合員の不満解消・意識変容プロセスに立ち入った観察を行うことを通じて、観察され

た事実から日本の個人加盟ユニオンの社会的機能を貫く内的な論理を導き出そう
とする」（小谷 2013: 21）という研究課題を設定している。

　この研究課題は、組合員の意識変容を概念的に分析するという手続きによって
達成されている。小谷は、組合員意識の分析概念として「初発の感情」「欲求性
向」「原初の意識」「原理の意識」という4つの段階的な概念を設定する（小谷
2013: 20-1）。第一が「初発の感情」であり、例えばリストラによる心理的動
揺・不安・喪失感などを指す。第二が「欲求性向」であり、リストラで被った金
銭的・物質的損失などに対する欲求を指す。第三が「原初の意識」であり、理不
尽なリストラに対する怒りや正義感などの精神的な要求を指す。第四が「原理の
意識」であり、個の確立や対等性重視の意識、生活を問いなおそうとする一貫し
た意識などを指している。こうした概念の設定によって、組合員が「原理の意
識」に到達しているかどうかが、ユニオンの活動を評価する際の焦点となる。

　こうした概念枠組みのもと、小谷は2つのユニオンの事例を分析していく。こ
こでは、小谷が分析の結果として社会的機能を有する傾向が顕著であったと述べ
ている、女性ユニオン東京の事例に即して議論の整理を行う。このユニオンでは、
女性の労働運動の自立性を強く打ち出している。そのため、スローガンとして
「1人のプロより100人のセミプロ」（小谷 2013: 152）を掲げ、組合員お互いがボ
ランティアで支援し合うことが推奨されている。

　小谷は、団体交渉を実際に経験した組合員へのインタビューから、紛争が経過
し解決する段階に近づくにつれて、「原理の意識」が生成していく場合があるこ
とを見いだしている。ここでいう「原理の意識」とは、会社から心理的距離を取
ることができることになったり、夫に対して気兼ねなく言うべきことを言えるよ
うになったりするなど、公私にわたって対等性を獲得すること、加えて「女性も
男性も働きやすい社会」に向けての運動意識をもつということを指し示している
（小谷 2013: 185-6）。つまり、ここでの焦点は会社や夫などの他者への依存から
脱し、自らの意思でよりよい社会を構想することができるような「個の確立」（小
谷 2013: 185）を達成することに当てられている。

　さらに小谷は、組合員の意識変容を「お客さん型」「自己主張型」「価値観変容
型」「ジェンダー・センシティヴ型」の4つに分類する（小谷 2013: 188）。「お客

さん型」は手段的に女性ユニオン東京を利用し、自主性を育めなかったタイプである。「自己主張型」は労働問題について正当な要求をしてよいことを理解しているが、それが自分自身の問題に限る形でのみ理解しているタイプである。「価値観変容型」は、自分の問題をより広く社会とのつながりの中で把握できるようになった者を指す。「ジェンダー・センシティヴ型」は、自らの問題を単に社会的問題として把握できるだけでなく、より問題を特定して、女性性や男性性、性差別の問題として認識できるようになる者を指す。こうした分類を行ったうえで、小谷は「ジェンダー・センシティヴ型」が、組合への定着率が高く、かつ原理の意識を生成させていることを見いだしている。このような手続きによって、単に小谷は組合員が原理の意識を生成させているかだけではなく、女性ユニオン東京という、女性が集う個人加盟ユニオンという場に特有の組合員の意識変容を捉えることに成功している[4]。こうした意識のあり方は、女性ユニオン東京のスローガンにもある「セミプロ」の具体的なあり方を示してもいる。小谷は、「ジェンダー・センシティヴ型」への意識変容の過程が確認できることをもって、女性ユニオン東京に社会的機能が指摘できると結論づけている（小谷 2013: 195）。

　小谷はリストラされた管理職や女性からの労働相談など、労働者がユニオンを必要とする契機について言及したうえで、組合員の意識変容に照準することで重要な知見をもたらしていると評価できる。しかし、この意識変容の問題は、労働組合の活動との関係でのみ取り上げられるに留まっている。その結果として、個人加盟ユニオンをいかにして知り、加入にまで至ったのかに関する分析が乏しい。また、同書の書評において京谷栄二が指摘するように、小谷が分析概念として取り上げる社会的機能は、実際にはその内実が曖昧である（京谷 2014）。経済的機能／社会的機能という区別が河西の経営内的機能／経営外的機能の議論を引き継いでいることは明らかだが、河西の議論はその二つの機能を指摘するだけでは留まっていない。この論点は4章で立ち返る。

　そうした議論に移る前に、以下では、小谷が十分に論じなかった労働者が組合に組織化される経緯について、経験的分析を行っている二つの研究を検討する。

2）外国人語学講師のインフォーマルな人間関係

　中根（2017）は、語学産業や教育機関で働く語学講師など、日本で働く外国人労働者の労働運動に関する事例研究を行っている[5]。中根は、国内外におけるオルタナティヴな労働組合研究の動向をレビューしたうえで、日本のオルタナティヴな労働組合運動はアメリカのSMUと比較すると異なる特徴を有するにもかかわらず、SMU研究の知見を日本の文脈に応用し発展させていくことの重要性が指摘されてこなかったと中根は論じる。とりわけ日米の差異として大きいのは、アメリカではSMUが主流の大規模組合によって担われているのに対して、日本のオルタナティヴな労働組合運動は、主流の組合の外部で展開されてきたという点である。このため、日本のオルタナティヴな労働組合運動は、比較的脆弱な基盤のもとで運動を展開せざるを得ない。こうした事情から中根は、「日本の労働組合研究においては、まずはそうした連帯を可能にするべく個別の労働組織がひとつの運動体として組織を存続維持しえる条件を追求することがまず真っ先に求められるだろう」（中根 2017: 26）と、明確な形で課題を述べている。

　中根がとくに着目しているのは、SMUが重視していた労働組合組織の「戦略性」である。戦略性を論証するために中根は、外国人労働者の組織化と彼らの労働の権利を追求する運動、つまり多国籍ユニオニズム（Multinational Unionism: MU）に着目する。この対象を選定する理由は、外国人労働者を取りまく環境は日本人労働者と大きく異なること、そして日本における外国人には市民権などの法的権利がないため、個人の政治参加や運動を政治的回路につなげることが難しいためである（中根 2017: 30）。つまり、存続のためにことさら戦略性が必要と考えられる労働者組織を対象とすることによって、労働者組織が具体的に採っている戦略の方向性を析出しようとしている。

　中根は、6つあるMUの代表的組織のうち、自らの研究対象を大阪府大阪市に所在する「ゼネラルユニオン（GU）」に設定する。GUは1991年に設立され、「語学学校教師や教育機関で語学を教授する教員などの専門的な知識・技術を有する外国人労働者」（中根 2017: 45）を組織化対象としている。GUは、外国籍組合員比率が高くかつ組合の設立母体が存在しないため、他のMUと比べても不利な立場にあるにもかかわらず、組織体制が整備されておりかつ運動を持続的に展開す

ることに成功してきたと中根は論じる。こうした対象のもとで、いかにしてGU が未組織労働者の組織化や組合員動員を図ってきたのかが調査に基づいて分析されていく。

中根の分析は、①未組織労働者の組織化戦略、②組合員の活動参加の規定要因、③市民社会への組合活動の正当性付与という3つの水準において展開される。本稿では、新しい労働者組織の研究が着目することの多い論点であり、かつ次項で論じる山田（2014）の枠組みを援用しつつ展開されている、①における分析手続きに着目する。

①の分析において、中根はGUの動員戦略が、エスニシティを背景にし、それに基づくネットワークがどのようにして未組織労働者の組織化につながっているのかを解明しようとする。

まず中根は、質問紙調査に基づいて、実際に加入した労働者がどのようにしてGUを知ったのかについて分析している。その結果として、回答者の7割以上が「知り合い」を通してGUを知っており、なかでも同じ職場で働く組合員を通して知る場合が多いことが明らかになった。他の組織でなくGUを選んだ理由についても、同様に職場で形成された社会関係が重要な役割を果たしていることが示された。

次に、組織化するだけでなく、その後いかにして日常的な活動に組合員を動員させることに成功しているのかが、GUの一支部であるPL1支部（PL1社に務める講師で組織された支部）を事例とした聞き取り調査をもとに分析される。ここで中根は、支部のリーダー層を中心とした組合員がどのような社会関係を取り結んでいるのかについて、詳細な分析を展開している。たとえば、PL1社の講師たちは毎週土曜日に飲み会を実施しているが、そこで誰が誰を組織化しているか、組織化した者、された者、既存のGUメンバーなどがどのような関係にあったのかなどが整理されている。ここで重要なのは、職場の仲間同士の飲み会という、仕事上の日常的な空間において組織化が展開されることである。こうした戦略が採られることで、「職場仲間が形成するインフォーマルな社会関係のなかにGUの組合員が埋め込まれることで、GUの運動組織という堅苦しく関わりにくいイメージではなく、ルーティーン化された生活のなかの選択肢としてのイメージを

与えることが可能になることが分かる」（中根 2017: 97）と指摘している。

　中根のこうした議論から示唆されるのは、加入から活動参加に至るまで、ユニオンの活動が活発に行われるかどうかが友人ネットワークや組合における連帯・帰属感などの、所属する共同体との関わりに強く依存しているという点である。こうした知見は、組合員の意識変容に特化した分析を展開した小谷（2013）に対して独自の視座を提供しているということができるだろう。しかし、中根の議論はその理論的文脈をSMUや個人加盟ユニオンの研究群の中に位置づけているために、より広く労働社会学で蓄積されてきた議論との関係性が必ずしも明確なものにはなっていない。この点を展開していくためには、類似の対象を扱いつつも、より広い理論的貢献を与えようとする研究を検討することが有効だろう。

　次項では、そうした研究として、山田（2014）の具体的な事例研究の手続きを検討する。

3）オルガナイザーと移民ネットワーク

　山田信行（2014）はSMUについて、その運動形態だけではなく、労働社会学をめぐる理論的な文脈においても注目に値するものとして議論している。山田は、移民労働者に利害が集中する問題から運動が展開したものとしてアメリカにおけるSMUに着目している。山田は、アメリカの労使関係制度について20世紀前半からの歴史的展開を検討するなかで、それが1930年代ごろには労働側に優位な形で展開していたが、第二次世界大戦後になって徐々に雇主優位に転換していったことを論じている。それをもたらしたのは、雇主による生産拠点の半周辺・周辺国への配置転換と、移民労働者の雇用である。山田は、これを「労使関係に前資本主義的社会関係を動員し、それらの関係によって労使関係における資本主義的な社会関係を代替することを目的としていた」（山田 2014: 57）と特徴付ける。とりわけ移民労働者は、雇主と前資本主義的な社会関係を取り結んでいることが多いため、雇主は劣悪な労働条件を温情主義のイデオロギーによって正当化することが可能だった。

　このように、移民労働者は前資本主義的な社会関係、もしくは「コミュニタリアンな関係」（山田 2014: 67）に基づいており、従来的にはそれは専制的な労使

関係に包摂されるものとして認識されていた。SMUが労働社会学的に注目に値するものとみなされるのは、そうしたコミュニタリアンな関係を持つ移民労働者達が、その関係を雇主に利用されるのではなく、自ら利用することによって、大規模な労働運動を巻き起こしていったことにある。山田は、移民労働者がアメリカ国内におけるコミュニティを通じて組織されていることに着目し、それがエスニシティに基づく強固な連帯の獲得に寄与していることを論じる。このとき、もはや移民労働者は雇主の専制に包摂されるものではなく、雇主に対して競合的な労資関係を形成することが実現されている。つまり、「前資本主義的な社会関係を動員する担い手は、雇主からSMUにおける労働者組織に転換したのである」（山田 2014: 69）。こうした把握が実態に即している限りで、SMUは労働社会学が伝統的に追求してきた労働者の主体性が発揮される共同体としての性質を、明瞭な形で有しているといえる。

　では、こうした転換はSMUの中でどのように行われたのだろうか。山田（2014）は、第Ⅵ章「組織化と社会的ネットワーク――ローカル組合と労働者センター」において、SMUの特徴でもある「移民相互の社会的ネットワークあるいは社会関係資本が、前資本主義的な性格をもったコミュニタリアンな社会関係であり、組織化活動を通じて労働者組織がそうした関係を回収することに成功している可能性」（山田 2014: 127）を具体的な事例を通じて検証する。この議論は重厚な理論的考察を経たうえで展開される経験的分析の開始にあたり、そこで山田が何を分析しているかは着目に値する。

　山田は、自身がアメリカで調査した複数の労働者組織のうち、オークランド市を拠点とし在宅看護サービス労働者を組織している「ローカルA」、サンフランシスコ市を拠点としホテル従業員が組合員の80％を占める「ローカルE」、オークランド市を拠点とし半数がホテル従業員で占められる「ローカルF」、そしてサンフランシスコ市内のチャイナタウンに本拠を置く「労働者センターA」を事例として取り上げる。

　山田が着目するのは、これらの労働者組織が組織化を進めていく際に、組織のオルガナイザーと移民ネットワークのリーダーがどのような関係にあったか、という点である。オルガナイザーは、組織化活動を進めていくうえで、対象となる

労働者のリストを作成し、電話勧誘・戸別訪問・職場の同僚への聞き取りなどを通して、実質的な組織化を担うリーダーを選定する。リーダーは、会議の参加の促しや勧誘電話などを通して、職場の同僚の組織化を進める。

　山田のいう「コミュニタリアンな社会関係」との関連で重要なのは、選定されるリーダーは、組合だけではなく移民ネットワークにおける重要人物でもある場合があることである。ローカルE・Fの事例では、移民ネットワークのリーダーをいかにして組合のリーダーに取り込めるかどうかが、組織化の決め手になると、組合が意識していた。オルガナイザーは、ときには自ら組織化された組合員とコミュニケーションを取ったり、リーダーと連絡を取り合ったりすることによって、組合員の動向を把握する。こうした移民ネットワークに依拠した活動によって、組合の組織化は進められていく。こうした知見は、SMUがまさに前資本主義的な社会関係を動員していることの証左になっているといえるだろう。

　だが、山田の分析は単に理論的考察を確認することには留まっていない。ここでは山田が指摘している事柄のうち、二点に着目したい。第一に山田は、ローカルAとローカルE・Fにおいて、オルガナイザーと移民ネットワークの関係が異なることを指摘する。前者については、オルガナイザー自身が中国の広州出身の在宅介護労働者であり、かつリーダー以外の組織化された一般労働者とも広く面識を有していた。それに対してE・Fでは、オルガナイザーがしばしば大学卒の学歴を有する「エリート」であり、日常的には一般の労働者と接触していない。この結果、前者ではオルガナイザーは移民ネットワークの内部に位置するのに対し、後者では外部に位置することになる。山田は「移民の社会的ネットワークが、ローカルAにかなりの程度動員されており、そのことを通して移民たちのコミュニタリアン（communitarian）な社会関係に媒介された組織としての結束力が確保されているということにな」（山田 2014: 138-9）ると指摘する。オルガナイザーが移民ネットワークとどのような関係を結んでいるかが、実際の動員の成否に関わるのである。

　もう一点の重要な指摘は、移民労働者を動員する際の困難に関わる。各組合は移民ネットワークに依拠して組織化を進めるが、その結果として組織化がエスニシティごとになされることになり、そのエスニシティ間で対立が起きる場合があ

るという。ローカルＡの事例では組合執行部の選出に対し、異なるエスニシティ出身の候補者に反対票を投じる傾向が見られることが報告されている。また、とりわけローカルＥ・Ｆにおいては、オルガナイザーが移民ネットワークの外部に位置するために、移民労働者のネットワークの実態に未知の部分が残る。その結果として、ネットワークを実際に動員できる程度は少なくなるだろうと山田は推測する。ここで問題とされている「未知の」移民労働者は、リーダーを通して組織化こそされているが、具体的な運動を展開する局面となった場合には、行動を起こさない可能性がある。山田の分析は、単にSMUが成功した事例を取り扱っているのではなく、SMUが抱える課題にまで射程を広げたものになっている。

（2）新しい労働者組織における個人と共同体

　ここまでで、小谷（2013）、中根（2017）、山田（2014）それぞれの経験的分析の手続きを検討してきた。小谷は組合員の意識変容に、中根と山田は組合員が形成している社会関係や共同体に着目することで、新しい労働者組織が有する機能を捉えようとしてきた。この三者に共通するのは、労働者組織が従来の労使関係の枠組みだけでなく、その外部に連帯の基盤を有している場合があること、そしてそれが単なる経済的・利己的な関心に基づく労働者意識や共同体の性格に依拠しているのではないということである。これらの知見は、山田のいう「コミュニタリアンな関係」の重要性を改めて確認するものである。

　さらに重要なのは、上記の研究は、その中心的な関心こそ労働組合の活動の内実に置かれているものの、なぜ労働者が労働者組織を求めるようになったのかについても言及を行っていることである。たとえば中根の議論であれば、外国人語学教師が十分な雇用保障を得られないことを契機として、ユニオンの活動が組織されていた。このように労働組合の組織化が進行するときには、その前提になる個人の契機が存在する。労働者の個人化という文脈のもとでは、この個人契機に着目する視点を意識化し、それを具体的に捉えていく視点を確立することが重要な課題になるのではないか。山田も述べるように、労働者のネットワークの把握には未知の部分が残らざるを得ず、未組織の潜在的な労働者が常に存在しうる。そうした労働者をいかにして捉えるかという点は、上記の研究でも未解決である。

　新しい労働者組織に関する先行研究の到達点と課題から導かれるさらなる論点は、共同体を構成しうる個人が立ちあがる契機を記述する視点を設定することである。この視点は、上記の二点の課題を同時に克服することを可能にする。というのも、山田のいう未知の部分に含まれる、未組織労働者を対象としてもこの視点は展開でき、同時に共同性の前提条件を捉えようとすることで既存の組合研究との連続性も見いだせるからである。個人から出発して労働者が形成する共同性の考察を目指すことによって、労働社会学の研究がしばしば取っていた、労働組合を一つの理念型として把握し、その内実を検討することとは別様の研究の可能性が拓かれる。

　残された問題は、こうした視点に対し、いかなる理論的基盤を与えることができるかである。その問題を考察するための一つの可能性として、小谷（2013）もその分析視角の多くを負っていた、河西の議論を取り上げる。次章では、河西が労働社会学の定式化を図ったいくつかの議論を検討し、その一部に修正を加えることで、本節で導出された視点に基礎付けを与える。

4．河西労働社会学に基づく個人の記述

　本章では、河西が自身の労働組合研究を通して打ち立てた労働社会学の研究プログラムを検討し、河西が労働者の共同性を解明するにあたってどのような枠組みを用意していたのかを議論する。

　河西は、日本労働社会学会の設立に関わり、自身も少数派労働組合の事例研究（河西 1977; 1981）や電産型賃金に関する歴史研究（河西 1992; 1999; 2007）で功績を残し、かつ労働社会学の研究プログラムをまとめた書籍（河西 2001; Mouer and Kawanishi 2005＝河西・マオア 2006）の執筆も行ってきた社会学者である。こうした研究の広がりを見るだけでも、河西の一連の研究が労働組合研究に限られず、それを通して労働社会学一般に貢献する問題を取り扱っていたことが窺える。以下ではその内実について、まず河西の労働組合研究が照準していた対象を明らかにし（1節）、それを記述するための河西が用意していた分析枠組みを整理する（2節）。そのうえで、前節で論じた新しい労働者組織研究の課題を乗り

越えるうえで河西の枠組みを再検討することが重要であることを論じる（3節）。

（1）河西の労働組合研究と労働者文化

　河西の労働組合研究は多岐にわたる。本節では、経営内的機能等の主要な論点を詳細に議論した労働組合研究における河西の理論的主著の一つである[6]、『企業別組合の実態』（1981年）を検討する。

　同書は、河西が大学院生時代から博士学位取得にまでに至る研究を体系的にまとめた著作である。第1篇「経営内的機能」、第2篇「経営外的機能」、第3篇「労働者文化」の全3篇構成になっており、各篇とも河西が行った労働組合調査を基礎にしている。

　具体的には、第1篇は間宏とロナルド・ドーアを中心に実施されたことでよく知られる、日英労使関係比較調査において、河西が担当した労働組合調査に基づく研究を元に構成されている。とくに、日立労組の事例が対象とされ、当時の労働運動の拠点として有名であった同労組が、実態としては苦情処理機構と化していることが明らかにされる。つまり、同労組が経営機関の補完物としてのみ機能しているということであり、これを河西は「経営内的機能」と呼んだ。

　第2篇では、後の河西の代表的研究ともなる電産の中国支部調査が取り上げられており、組合が少数派に陥った中でそれに耐え忍ぶ組合員の意識に焦点が当てられている。こうした少数派組合の存続を可能にしたものとして、河西が組合員への質的調査から見いだしたのは、同労組が職場内の活動に限られず組合員の社会生活に広く関わっていたという事実である。つまり同労組は日立労組とは異なり、経営機関の補完物に留まらず、組合員の生活に寄与していた。これが河西のいう「経営外的機能」である。

　河西によれば、経済学における労働組合研究には経営内的機能に焦点化したものが多く、経営外的機能に着目することは社会学的な労働組合研究の独自の視点となりうる。だが、河西の分析はこの区別を論じることで留まってはいない。

　第3篇では、少数派組合ながら不当解雇などを撤回させることに成功したゼネラル石油精製労働組合を対象とし、経営外的機能の維持を可能にする条件が考察される。第3部の考察の結果、経営外的機能の維持を可能にするものとして指摘

されるのが、「労働者文化」である。労働者文化とは、企業が形成しようとする「従業員文化」とは対抗的な関係にあるものであり、「人的結合関係、生活習慣、行動様式、心性（意識）などにおいて、独得の『労働者らしさ』を自律的につくりだしているものを意味している」（河西 1981: 335）。この労働者文化の存在を、河西はゼネラル石油精製労働組合の中で、組合員の職制や第二組合に対する非常に強い敵対意識や、組合員同士の職場外生活までに及ぶ強固な連帯意識の中に見いだした。こうした連帯意識によって、同労組の組合員はかねてから労働社会学者が見いだそうとしてきた、労働者自身の手による秩序形成を成し遂げていたのである。

　つまり河西の労働組合研究における一つの着眼点は、労働者文化が形成される可能性を探ることにあった。労働組合は理念としては労働者文化の体現である組織であり、その点で河西がその対象に焦点を当て続けたことは自然なことであった。本稿が取り上げた SMU や個人加盟ユニオンの事例も、労働者文化を組織として捉えることができる近年の事例として評価することが可能である。しかし、労働者自身が形成している秩序という観点でいえば、対象は労働者組織に限られる必然性はないとも考えられる。むしろ個々人の労働者文化を労働者組織が体現しにくくなるのが、「ポスト工業化」時代の労働を取り巻く状況である。そのため、労働組合や労働者組織を必ずしも前提としない形で労働者文化の記述はいかにして可能か、という問いが明らかにされる必要がある。

　実際、河西自身は労働組合研究をライフワークとして行いつつも、その知見を労働社会学の研究プログラムに生かす際には、必ずしも組合を対象とすることを前提しない形で展開していた。次節では、河西が労働社会学の基本問題として設定した問いを取り上げ、その再検討を試みる。

（2）労働社会学における〈支配・受容・変革〉問題

　本節では、河西労働社会学における問題設定を検討し、方法論的整備を進めるための論点を整理する。

　河西は労働社会学が隣接する社会学の諸領域に対していかなる独自の問題を有するかに関して議論している（河西 2001: 第4章）。まず確認しておくべきなのは、

河西が労働社会学という語を用いるとき、その語は間（1975）が定式化した、経営社会学／労働社会学／労使関係論という区分に則っていることである。間は、同時代に社会学の一領域として存在感を強めていた産業社会学を評価しつつ、その対象領域があいまいであることから、上記の区分を提案した。つまり、社会の生産領域を扱う社会学のうち、経営に関する現象を扱う社会学を経営社会学、労働に関する現象を労働社会学、経営と労働の関連性を扱う領域を労使関係論と呼ぶことを提案した。河西（2001）は、この間による整理を引き受けて労働社会学を展開している。こうした学史的文脈のもとで河西は、苛酷な労働条件にもかかわらず高い勤労意欲を有する労働者の存在に着目し、以下の問題を定式化している。

　　この問題は、経営側における労働者〈支配〉はどのような過程を経て行われるのか、労働者はなぜ労務管理による〈支配〉を〈受容〉するのか、労働者はたんにそれを〈受容〉する存在にとどまるのか、それともそこから〈変革〉への歩みを始める契機を、その存在のうちに有するのか、といった検討すべき課題をふくんでいる。これを要するに、〈支配・受容・変革〉問題とよぶことができよう（河西 2001: 80）。

　この〈支配・受容・変革〉問題は、経営社会学と労働社会学の関係を示すうえで重要である。河西は、経営社会学の場合、労務管理による〈支配〉の問題を研究課題とすれば十分であるとしている。一方で労働社会学では、労働者による労務管理の〈受容〉の問題、さらに労働者が労務管理から脱出する可能性を有する存在であるという点で、〈変革〉の可能性を検討する必要があるとする（河西 2001: 82）。その結果、労働社会学では〈支配・受容・変革〉の相互関係の研究が課題となる[7]。

　河西は〈変革〉について「労務管理から自立的な労働者生活、労働者文化を確立すること」（河西 2001: 82）と定義している。つまり、〈変革〉問題は、労働者文化の確立という問題と密接に結びついた形で定義されている。加えて重要なこととして、この〈変革〉は労働者組織の存在を前提とせず、個人を対象とする形

で定式化されている。河西（1981）では、研究対象である企業内の少数派組合の重要性を説くなかで、以下のように述べている。

　　なによりも重要なことは、職場のごくふつうの労働者が、いかなる過程をへて、変革主体としてみずからを形成してくるかを分析する"大衆的主体形成論"の視点である（河西 1981: 10）。

　ここで「変革主体」と言われているのは、河西自身が取り扱った例でいえば、少数派組合運動に参与するに至った労働者が含まれる。ここからわかるのは、〈変革〉という語はマルクスを意識したものであると思われる一方で、河西自身の考察対象は、労働者階級一般が資本に対して集合的に抵抗するというよりも、具体的な労働者個々人が労働運動に関心を有し、実際に活動するようになる過程に向けられていることである。新たな組織に着目する場合でもそうでなくとも、労働者個人に着目しつつ労働者文化の解明を目指す河西の枠組みは、有効性を持ちうるのである。

（3）ポスト工業社会における河西理論の可能性

　労働組合研究の視点からみると、河西の〈支配・受容・変革〉問題においては、労働者が、自らの境遇をただ〈受容〉するのではなく、運動に参加する決心をしたことが観察された際に〈変革〉が見いだされると考えられる。しかし、こうした〈受容〉と〈変革〉の段階的把握については、検討の余地がある。

　〈変革〉問題は、労働者が労務管理にただ包摂されるのではなく、主体的にそれを変容させる可能性を模索するために配置されている。労働社会学が人間を直接の対象とし、運動論を帰結すると河西が述べるとき（河西 2001: 44）、まさに労働者の主体形成の可能性を模索する学として構想されているのである。つまり、労働現場の変容の可能性を見いだす知識が与えられるのならば、〈変革〉問題にはかなりの程度答えられるのである。

　この点に関して、河西は〈受容〉と〈変革〉の問題を必要以上に対立的に描いている。それは、「労働者はたんにそれ［労務管理］を〈受容〉する存在にとど

まるのか、それともそこから〈変革〉への歩みを始める契機を、その存在のうち
に有するのか」（河西2001: 80）という問いの提示の仕方にも表れている。だが、
労働者が労務管理を〈受容〉することと、〈変革〉の契機を有することは、本来
的には矛盾なく両立する。労働者が労務管理を〈受容〉したとしても、それに
よって職場での不満などから何らかの行動を起こす可能性は依然として残される。
つまり、〈受容〉の論点にはすでに〈変革〉の契機が埋め込まれており、労働社
会学の任務は単に労働者が〈受容〉しているか否かではなく、労働者がいかにし
て〈受容〉しているのかを詳細に解明し、その限界がどこにあるのかを見いだす
ことにあるのだ。この〈受容の限界〉にこそ、労働組合や社会政策に対する労働
者のニーズが鋭く現れるのであり、まさにその点に河西が追求した〈変革〉問題
への契機がある。

　この〈受容の限界〉を模索するという方針は、労働組合組織率が低迷している
現代社会における労働を考察するうえでは非常に重要である。労働運動のみが
〈変革〉を意味するのならば、組合に介入していない労働者達は無条件に〈受容〉
を行っているものとして扱うことになってしまう。〈変革〉を求めるのならばな
おさら、その問題は〈受容の限界〉として捉えられなければならない。

　ここまで、河西が定式化した労働社会学の基本問題としての〈支配・受容・変
革〉という問題を現代的状況に即して再検討するうえで、〈受容〉の問題を〈受
容の限界〉に至るまで詳細に解明することで〈変革〉の問いにも充分に応答可能
であることを議論してきた。河西と同じ仕方で問題を定式化すれば、労働社会学
の基本問題は〈支配・受容・受容の限界〉ということになるだろう。

　こうした基本問題の捉えなおしは、SMU・個人加盟ユニオン研究においても
意味を持つ。個人化が進行するポスト工業社会においては、個々の労働者が抱え
る問題も多様化し、必然的にその解決策も一様ではなくなる。つまり、〈受容〉
から〈変革〉に至る道筋は単数形で描けるものではなくなり、個々人の〈受容〉
を丁寧に捉えたうえで〈変革〉が模索される必要がある。こうした現状が生じて
いるからこそ、企業別組合に比べてSMUや個人加盟ユニオンは現代の労働運動
にとって魅力的な対象とたり得ているといえる。

　そうしたなかで、労働社会学は労働者組織が形成されているか否かに関わらず

個々人がいかなる〈変革〉を求めるかを詳細に記述する必要があり、そのために〈受容の限界〉に照準することが重要である[8]。そうした記述は単なる個人の記述に終わるわけではない。なぜなら、3章2節で論じたように、SMUや個人加盟ユニオン研究においては個人を対象としつつ共同性を記述することが課題になっていたが、〈受容の限界〉に着目することは個人がいかなる条件において共同体を必要とするかを明らかにする問いであり、社会的ネットワークのなかにいる「未知の」労働者が労働者組織に対していかなる距離で存在するかに焦点を当てることが可能になる。こうした視点は、運動論的には未組織労働者がいかなるニーズを有するかの把握を促進し、理論的には断片化した労働問題とその共同体による解決可能性を考察するための手がかりとなる。こうした意味で、〈受容の限界〉の問いは、新しい労働者組織研究にとっても重要な位置を占めるのである。

5. 結 論

　本稿では、ポスト工業化によって労働組合組織率が低下し、労働者の個人化が進んでいるとされる現代社会において、労働社会学の伝統的な課題である労働者自身による秩序形成の可能性という問いにいかにして取り組むかについて議論してきた。そうした文脈で近年理論的にも運動論的にも注目を集めるSMUや個人加盟ユニオンをめぐる研究に着目した。そうした組織は従来の企業別組合とは異なる形での連帯を実現していることが事例研究を通して解明されつつあるが、企業別組合研究で蓄積されてきた視点との関係性が必ずしも明確ではなかった。そこで本稿では近年の重要な新しい労働者組織研究のいくつかを取り上げ、その分析手続きをレビューした。そこでは多様なニーズを含みこんだ形での共同性の探求が模索されていたが、そうした多様なニーズを持った個人がいかにして組織化されるに至るのかについて十分に議論がなされてこなかった。そこで両者を架橋しうる枠組みを提供していた議論として河西の労働者文化概念に着目した。そこでの「労働者文化」とは企業が作り出す「支配」に有利な従業員文化と距離を持ちつつ、労働者が自主的に形成している文化であり、それによって労働者が組織的に「変革」を起こす基盤とすることができるとされたのである。

　だが、労働組合は理念的には労働者文化の体現であるが、ポスト工業社会においては、そもそも労働者の組織化自体に困難がある。こうした中でも変革の可能性を見いだすために、本稿では河西が労働社会学の基本問題として提唱している〈支配・受容・変革〉という問題を、〈支配・受容・受容の限界〉に変更することで、労働組合を前提としない形でも労働者文化の形成可能性を問うことが可能になることを論じた[9]。

　こうした手続きを経て、新しい労働者組織研究が目指す方向性は共有しつつ、それを労働者組織を対象とすることを前提としない形で遂行するための視点を、本稿では議論してきたのである。

　本稿の残された課題は二点ある。第一が〈支配・受容・受容の限界〉という問いを経験的研究として遂行するうえでいかなる方法論を整備するかという点である。第二が、近年の新しい社会運動研究で指摘されている、運動を可能にする生活史的背景に関する議論との接続可能性の検討である（富永 2017）。本稿の提示した方向性も、労働者の生活史の把握が重要になると思われ、結果的に社会運動論との問題の重なりが生じると考えられる[10]。この両者の異同については今後の課題である。

〔注〕

1　「経営内的機能」「経営外的機能」の初出は、河西（1970）である。

2　SMUや個人加盟ユニオン以外の新しい労働者組織として、橋口昌治（2011）は労働運動と生活支援団体が連携して組織された「労働／生存組合」の事例を取り上げている。この事例は貧困問題と労働運動の関係を考察するうえで重要だが、本稿では研究蓄積の厚いSMUと個人加盟ユニオン研究に焦点化する。

3　鈴木玲（2005）は、SMUの文献レビューを行う中で、海外での研究蓄積は1990年代から現れてきたことを論じている。

4　小谷が先に従事したのは、女性ユニオン東京の調査である（小谷 2013: 22-3）。なお、小谷（2013）のもとになった論文の一つである小谷（1999）では、女性を対象とした個人加盟ユニオンは調査開始当時（1996年5月）には8組合しか存在しなかったことが述べられている。小谷は先駆的な対象に早期からアプローチしており、それ自体が評価に値する。

5　中根の対象は正確には多国籍ユニオニズム（Multinational Unionism: MU）である。中根はアメリカのSMUと日本のオルタナティヴな労働組合で性質が異なること、後者の中でもMUは一部に過ぎないことに自覚的である。加えて、MUは個人加盟ユニオンでもある。

だが、中根は自身の理論的検討をSMUのサーベイから始めており、SMUに連なる研究潮流に自らを位置づけようとしていることが見てとれる。こうした理由から本稿ではSMUに連なる研究の一つとして取り扱っている。

6　河西自身が取りまとめた自伝的テキストにおいて、同書のもととなった労働調査において労働組合研究における社会学的視点の端緒を掴んだと回顧している（河西 2016: 29）。

7　〈支配・受容・変革〉問題の背景には、元島邦夫（1977）の主体形成論がある。元島は、マルクス主義的な労働主体の把握が、現代社会における個としての労働主体や市民的主体を位置づけられていないことに問題を提起し、ウェーバー理論に即して主体形成のあり方を再考することを提案した。こうしたことからも河西の議論が個人にも焦点を当てるものであることが伺える。

8　この方針は、実際の経験的研究においては、まず労働者が何を受容しており、そこに限界があるのかの探究から、労働者の支配主体を逆照射する形をとりうる。したがって、その結果として支配主体に企業が見いだされるとは限らず、むしろ企業における労働を労働者がどう経験しているかの多様性に焦点が当たるようになると考えられる。

9　本稿の方針は、社会学理論の観点ではニクラス・ルーマンの「社会学的啓蒙」を参考にしている（Luhmann 1970=1983）。つまり、すでに存在している社会秩序の自己準拠的な作動を記述することを社会学の任務とし、そこからいかなる規範的議論を行うかについては市民社会の決定に委ねるという分業を想定している。

10　一例として、富永京子（2018）による、個人化社会における社会運動の可能性を考察する議論が参考になる。

【参考文献】

遠藤公嗣編（2012）『個人加盟ユニオンと労働NPO―排除された労働者の権利擁護』ミネルヴァ書房。

藤田栄史（2008）「『ポスト工業社会』の労働社会論」『社会学評論』59（1）、114-32頁。

福井祐介（2003）「コミュニティ・ユニオンの取り組みから―NPO型労働組合の可能性」『社会政策学会誌』9、89-102頁。

―――（2005）「日本における社会運動的労働運動としてのコミュニティ・ユニオン―共益と公益のあいだ」『大原社会問題研究所雑誌』562・563、27-28頁。

橋口昌治（2011）『若者の労働運動―『働かせろ』と『働かないぞ』の社会学』生活書院。

間宏（1974）『イギリス社会と労使関係』日本労働協会。

―――（1975）「産業社会学の再考と展望」『社会学評論』25（4）、102-16頁。

兵頭淳史（2013）「産業別労働組合地域支部による外国人労働者の組織化―静岡県西部地域における金属産業労組の取り組みを中心とする考察」『専修大学社会科学研究所月報』597、25-36頁。

飯嶋和紀（2016）『労働組合職場組合の交渉力―私鉄中国広電支部を事例として』平原社。

稲上毅（1981）『労使関係の社会学』東京大学出版会。

Kalleberg, A.（2000）"Nonstandard Employment Relations: Part-time, Temporary and Contract

Work", *Annual Review of Sociology,* 26, 341-65.

河西宏祐（1970）「企業別組合の「経営内的機能」と職場集団」『社会学評論』21（3）、54-74頁。

——（1977）『少数派労働組合論』海燕書房。

——（1981）『企業別組合の実態』日本評論社。

——（1992）『聞書・電産の群像―電産十月闘争・レッドパージ・電産五二年争議』平原社。

——（1999）『電産型賃金の世界―その形成と歴史的意義』早稲田大学出版部。

——（2001）『日本の労働社会学』早稲田大学出版会。

——（2007）『電産の興亡――一九四六年～一九五六年―電産型賃金と産業別組合』早稲田大学出版部。

——（2016）『改訂版・労働社会学50年―私の歩んだ道 後篇』河西宏祐。

経済協力開発機構編、労働省訳（1972）『OECD 対日労働報告書』日本労働協会。

小谷幸（1999）「女性の"新しい"労働運動―「女性ユニオン東京」の事例研究」『労働社会学研究』1、2-25頁。

——（2001）「『東京管理職ユニオン』組合員の意識変容」『日本労働社会学会年報』12、147-78頁。

——（2013）『個人加盟ユニオンの社会学―「東京管理職ユニオン」と「女性ユニオン東京」（1993年～2002年）』御茶の水書房。

小池和男（1977）『職場の労働組合と参加―労資関係の日米比較』東洋経済新報社。

京谷栄二（2014）「小谷幸著『個人加盟ユニオンの社会学―「東京管理職ユニオン」と「女性ユニオン東京」（1993年～2002年）』」『社会学評論』65（1）、151-2頁。

国際労働研究センター編（2005）『社会運動ユニオニズム―アメリカの新しい労働運動』。

Luhmann, N.（1970）Soziologische Aufklärung: Aufsätze zur Theorie sozialer Systeme: Opladen: Westdeutscher Verlag.（＝土方昭訳（1983）『法と社会システム―社会学的啓蒙』新泉社）

松島静雄（1951）『労働社会学序説』福村書店。

——（1979）『中小企業と労務管理』東京大学出版会。

元島邦夫（1977）『変革主体形成の理論―マルクスとウェーバー』青木書店。

Mouer, R. and H. Kawanishi（2005）A Sociology of Work in Japan, Cambridge: Cambridge University Press.（＝河西宏祐・ロス＝マオア、渡辺雅男監訳（2006）『労働社会学入門』早稲田大学出版部。）

中根多惠（2017）『多国籍ユニオニズムの動員構造と戦略分析』東信堂。

Pink, D.（2001）*Free Agent Nation: The Future of Working for Yourself,* Warner Books.（＝池村千秋訳（2002）『フリーエージェント社会の到来―「雇われない生き方」は何を変えるか』ダイヤモンド社。）

坂幸夫編（2015）『現代日本の企業組織再編と労働組合の課題』学文社。

白井泰四郎（1980）『労使関係論』日本労働協会。

鈴木玲（2005）「社会運動的労働運動とは何か―先行研究に基づいた概念と形成条件の検討」『大原社会問題研究所雑誌』562・563、1-16頁。

富永京子（2017）『社会運動と若者―日常と出来事を往還する政治』ナカニシヤ出版。

―――（2018）「社会運動―暮らしを通じた「らしくない」社会変革の試み」高野光平・加島卓・飯田豊編『現代文化の社会学― 90年代と「いま」を比較する』北樹出版、136-46頁。

山田信行（2014）『社会運動ユニオニズム―グローバル化と労働運動の再生』ミネルヴァ書房。

日本労働社会学会年報第30号〔2019年〕

再建する事業所、復職する従業員
——福島原発事故と福祉系Ⅴ法人労働者の職業意識——

吉田　耕平
(首都大学東京)

1．研究の目的

(1) 辻勝次の災害社会学

　災害は突然に訪れる。発生するや社会全体を襲い、人々の生活を支える諸条件が根こそぎ崩される。職業生活の諸条件も、例外ではない。

　災害時の職業に関する研究調査は、これまで、「有業者」を「無業者」に変えてしまう要因や「無業者」が「有業者」になるための施策を検討し、様々な知見を導いてきた（玄田 2014; 関 2014）。しかし、被災した職業人は「無業」と「有業」のどちらかに二分されるわけでない。労働社会学者の辻勝次は、災害による「職業被害」について次のように述べている。

　　職業被害として考察されるべきは、多くの職業人が失業、廃業、転職、転業、一時休職、休業などの被害を、それも繰り返し被った事態である。(2001: 188、強調引用者)

　このような規定は、職業被害における就業環境の不安定性を示唆したものと理解できよう。企業等に雇用される労働者の場合、このような不安定性は「離職」と「入職」を繰り返す点に現れる。これは具体的にどのような就業行動によって生じるのか。

　その一つは、ある組織の職を辞す離職、および、その後、他の組織に移る入職である。これは平常時であれば生活スタイルの変化やキャリアアップの企図から

生じよう。しかし災害時は、仕事を継続できない状況によって生じる。それゆえに辻は職業被害の要素として「転職」を挙げたのである。

　だが、離入職を生み出す過程はもう一つある。ある組織の職を少しの間だけ離れる場合、「一時休職」が生じる。これにも、対となる就業行動がある。それは、一定期間の後に同じ組織に戻る「復職」である[1]。休職と復職は、平常時ならば療養や産児育児、介護のために行われよう。一方、災害時は被災によって仕事が中断される。そうした労働者の一部も、職場に戻るはずだ。

　ところが、辻は「一時休職」に言及しながら「復職」に言及していない。これはなぜだろうか。その理由は、「一時休職」は被災状況の改善に伴って次第に解消するものである、と解された点にあるように思われる。

（2）未解明の復職行動

　一般に、災害の直撃を受けた事業所の多くは操業を中断せざるを得ず（休業）、これが従業者の「一時休職」を生み出す。また、災害の直撃を受けた労働者の多くは通常の生活を変えざるを得ず、それゆえに「一時休職」を余儀なくされる。一時休職の終了は、これらの要因の解消によるものだと考えられてもおかしくない[2]。それゆえに復職の発生は、「休業」状態の継続や「失職」「転職」に並べるような事態であると思えなかったのだろう。

　しかし、「復職」はほんとうに被災状況の解消を意味するのか。事業と生活の条件が回復しない状態でも、復職は生じるのでないか。また一時休職を繰り返し被る事態は、復職後にも見られるのでないか。さらに、辻（2001: 195）は「被害・消極変化」の一例として「不規則勤務、収入減少」などを挙げて就業環境の悪化を指摘している。このような事態は、復職した従業員の間にも見られるはずだ。

　それでは、なぜそのような就業行動が生じるのだろうか？　辻は災害時の復職過程を検討しなかった。しかし災害社会学の文献には、災害下の厳しい職業環境に飛び込む従業者の存在が描かれる[3]。従業者たちは、なぜそのような厳しい環境に戻って仕事を続けるのか。この問いに対して一定の回答を与えるのが本研究の目的である。

２．研究の対象

（1）復職する福祉従業者のジレンマ

「1．研究の目的」で示した目的のため、本研究では福祉サービスの従業者が形成する災害時の職業意識を明らかにする。

被災した人々の生活基盤が損なわれたとき、医療・福祉サービスは特別な重要性を帯びる（西尾他編 2010）。2011年に発生した東日本大震災では、支援活動の記録づくりが進められ（全国社会福祉協議会 2013）、今後に備えた「BCP」（事業継続計画）の作成が課題とされる（医療経営情報研究所編 2016）。こうした経験を通じ、福祉事業者に期待される二重の役割が認識されるようになった。すなわち事業者は、自らも災害を生き抜きながら地域の生活を支えなければならないのである。

ただし、こうした期待を背負うのは事業者だけでない。医療・福祉サービスを担う従業者たちもまた、発災初期には自身の命を守りながら地域住民の応急ニーズに対応する。これを終えた後は、自らも被災生活を送りながら地域の被災者の健康と生活を守ることが期待される。従業者にも二重の役割が課されるのである。このような状況は、医療・福祉従業者の生活にどう影響するのか。そして、従業者自身はこのような状況に対してどのように向き合うのか。

この問題を、一時休職と復職の過程から切り離すことはできないと思われる。なぜならば、こうした期待に応えられる状況にない従業者ほど休職を余儀なくされ、その後、これらの役割に向き合える場合ほど従来の施設に復職しやすいと考えられるからだ。このため医療・福祉職においては、災害下の過酷な状況にもかかわらず復職するという問題が先鋭的に現れると予想される。

そこで、本研究では福祉従業者に固有の職業経験を検討する。一般に、医療・福祉職は高い責任意識を伴う職業だと言われる。技術的な業務に加えて対人的な奉仕が求められ、独特の職業意識が形成されると考えられる[4]。災害時、これらの特徴は一層顕著に現れるだろう。それは被災住民に対する貢献意欲を生み出すかもしれないが、仕事に対する忌避感情が生じることも考えられる。

このような職業意識に焦点をあてることで、従業員たちが上述のような二重の

課題に向き合うようになる過程を明らかにしたい。

（2）災害時の状況と心理

そのような職業意識を形成する要素として、本研究では災害時に生じる二つの状況を検討する。

一つ目は、脆弱性にかかわる個々人の生活状況である。20世紀の末、災害研究は災害要因による影響を高める「脆弱性」に注目した。本研究では脆弱性を高める要因のうち、災害前後の地域・家族生活および職業生活の状況変動の影響を考えたい。

東日本大震災の被災労働者統計を分析した玄田有史によれば、若者や非正規雇用者など、人的資本の少ない層ほど職を失った傾向が強く、津波被災地と原発事故の被災地において避難や転居を強いられた人ほど就労意欲が低下した（玄田 2014, 2015）。後者は、就業に関する意識の変容を指摘した点で重要だ。

ただしこれらの研究では、従業員たちがこれまでの職場やこれまでの職務をどのように振り返ったか、災害からの復興に向けて自身の職業の意義をどのように考えたか、といった職業意識の内容を十分に見ていない。本研究ではこのような部分に焦点を当てる。

二つ目は、復元力にかかわる個々人の社会関係状況である。2000年代の災害研究は被害を乗り越える「回復＝復元力」に注目してきた（浦野 2009; 大矢根 2017）。復元力を高める要因として、本研究では他の福祉サービス提供者や受益者との関わりを検討したい。

災害社会学は被災者同士および被災者と支援者の援助関係を重視してきた（Fritz et.al. 1957）。近年は、地域の社会関係資本が果たす役割も論じられる（Aldrich 2012＝2015 等）。こうした社会関係は、応急ニーズに対する対処行動を促す要因となりうると考えられる。

一方、災害研究は労働者の周囲にいる人々との関係を検討してこなかった。しかし、被災労働者においても周囲の人々との関わりは大きな意味を持つだろう。それは職場や職務に対する評価、および自身の仕事の意味からなる職業意識を左右すると考えられる。

　このように、生活状況と社会関係状況という二つの状況は、労働者たちの被災経験と職業経験を通じて職業意識の形成にかかわると考えられる。このような過程を通じ、再就業を志向する動機を得た労働者の一部は、発災前の事業者のもとに戻り、仕事を続けよう、という就業意識を持つにいたると予想される。本研究では、実際の災害において生じた具体的な被災・職業経験に基づき、こうした過程を解明したい。

3．調査の概要

(1)「原発避難」事業者の経験

　本研究では、福島原子力災害による避難と再開を経験した福祉法人を事例として、復職従業員の間に見られた職業意識の形成過程を分析する。

　2011年3月11日、三陸沖の大地震と大津波、これに続いて発生した原発事故は、いくつかの付随的な災害要因を生み出した。第一に、炉心溶融や水素爆発を起こした福島第一原発は危険施設となって残された。第二に、風や水に流されて拡散した放射性物質は、各地域・各水域に流出し、滞留した。第三に、原発から20kmの地域等が避難指示区域等[5]と定められた。これらの要因により、「原発避難」[6]と呼ばれる一連の現象が生じた（**図1**）。

　このことは就業者の職業環境を一変させた。警戒区域に指定された地域では事業所の営業が禁止され、生産拠点や店舗は閉じられた。居住も禁止されたため、10万人に近い住民が他の地域に退避。これにより、仕事と生活の拠点が域内から消失する[7]。このことは数千に及ぶ事業者の活動に打撃を与えただけでない。地域の事業所に勤め、地域の中で暮らしていた雇用者（被用者）の職業生活にも多大な被害が及ぶ[8]。

　事業と居住が困難となると、膨大な人数の雇用者が「一時休職」を余儀なくされる。ところが廃業を免れた事業者の一部は、従来は事業展開のなかった避難先の地域に事業所を移転または新設する（吉田2015, 2018）。するとこれらの事業所に、それまでこの事業者のもとで勤めていた従業者が「戻り」始める。ここには――厳しい被災生活が続くにもかかわらず、従来の事業者のもとに再び勤める

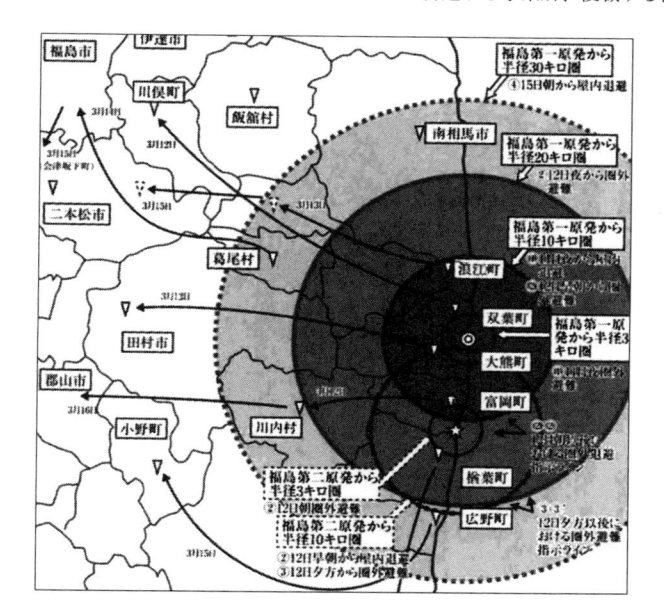

【地域の概要】
3月11日から16日までの期間に、第一原発から30kmの範囲は避難指示区域等に設定された。20km以内の地域の住民は居住を禁じられ、事業者は営業を禁じられる。20km以内に役場を置く町は、町域全体に避難指示を出した（20km以遠を含む）。

【避難の概要】
町域全体に避難指示を出した町では、役場機能を町外に移転させる。市町村は一定数のバスを手配して住民を避難させたが、自家用車で避難した住民も多い。避難指示を受けなかった市町村からも多くの人が避難した。

図1　原発周辺地域の避難発生状況
出典：吉田・原田（2012：367）

という──「復職」行動の特徴が鮮明に現れる。

　本研究で対象とする福祉事業者の間にも、避難先で事業を再開する例は数多い[9]。そこで本稿では、このような事業者において見られた2011年3月末頃[10]から2012年3月末頃[11]までの復職行動を対象として、従業員たちの職業意識の形成過程を明らかにしたい。

(2) 福祉法人の再建と従業員の再就業

　本研究は、再開施設を運営する事業者の一つである「V法人」の協力を得て実施された。論述に必要な限りで以下に法人の概要を述べておく。なお本稿では同法人の情報を保護するため、法人およびその施設を特定できる情報を記さないことに留意したい。

　同法人は福島県の相馬・双葉地方に本部住所を置く中堅事業者である。複数の施設を展開して地域に地歩を固めた。その施設は利用者と従業員の間に「家族のような関係」が感じられる職場だった。いずれの施設も、原発事故に伴う「警戒区域」に含まれてしまう。

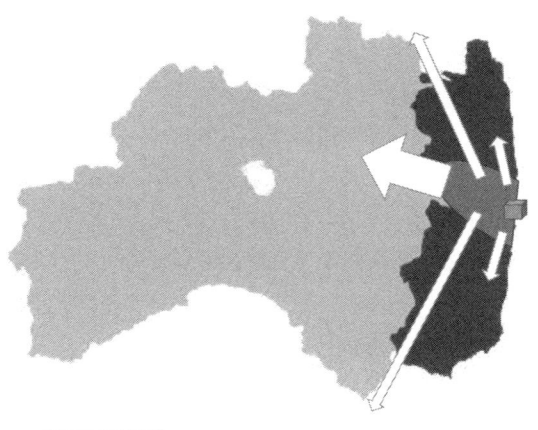

【地域の概要】
　東側の沿岸部は「浜通り」，中央部は「中通り」，西側は「会津」地方と呼ばれる．浜通りの中央部に双葉地方，福島第一原子力発電所が立地する（▨）．
【避難の概要】
　原発周辺の地区は「避難指示」等の区域となり，営業や居住が制限された（◣）．住民や企業は他方面に逃れ，数十km，数百km，数千kmの遠方地に身を置く（▢▷）．

図2　福島県と避難経路の概要
出典：筆者作成

　発災当初、施設には原発事故および避難指示に関する詳細な情報が届かなかった。利用者とともに施設に残った従業員は心身ともに衰弱したが、数日後に救出されて避難指示区域外へ移動（**図2**）。3月末、利用者は他の施設に転所し、従業員は解散した。

　以降も一部の管理職は業務を続けたが、数カ月の間は施設を再開できなかった。しかし、新たに複数の施設を立ち上げる計画が実現。従来の地域から遠く離れた立地ではあったが、同様に避難して来た従来の自治体住民のためにサービスを開始した（図2）。

　事業所の「再開」時、復職

できなかった従業員は多い。その一方で、各施設のオープン時に復職した職員は計18名（発災時以前の離職者を含む）。このとき初めてV法人の施設に勤めた職員も計3名いた（発災時以前の内定者を含む）。

（3）調査と分析の方法

　筆者は2011年4月から2014年度まで原発周辺からの避難状況に関する予備調査を行った。これを通じてV法人の元従業員や元利用者家族[12]数名に出会い、従来の施設や再開施設の様子を教わったため、職場の再建に関する研究計画を構想。2015年10月には当研究への協力を法人の代表者に依頼し、承諾を受けた。以来、2019年初頭にかけて調査を続ける。

　この間に情報提供を受けた従業員は20名[13]。調査では、教わりたい事柄を手紙等で説明し、指定された場所を訪問して資料の収集と半構造化インタビューを実施。閲覧と利用の許可を受けた資料は複写し、面接時の会話はノートとレコーダーに記録している。電話や手紙、携帯電話のテキスト送信機能を利用して情報提供を受けた場合もある。

　このように、ある一つの組織に限ってその従業員から調査協力を受けるのは、事業所が経験した災害過程と再生過程の複雑な経過を、正確かつ詳細に叙述することが可能となるという利点があるからである。

　本稿の分析は、発災後一年間の各種資料およびこの間に復職した6名の証言[14]に依拠して行う（**表1**）。分析に当たっては、休職時の生活状況や復職後の職場

表1　情報提供者

	性別と年齢		発災時の地域・職歴		発災から一年後	
	性別	年齢 （発災時）	居住地域 （発災後の区分）	V法人における 勤務年数	滞在地	就業状態
Hさん	男性	生産年齢 前半	浜通り（避難指示区域等）	5年未満	中通り	復職
Iさん	女性	生産年齢 後半	浜通り（避難指示区域等）	5年以上	中通り	復職
Kさん	女性	生産年齢 後半	浜通り（避難指示区域等）	5年以上	中通り	復職
Mさん	男性	生産年齢 前半	浜通り（避難指示区域等）	5年以上	中通り	復職
Oさん	女性	生産年齢 後半	浜通り（避難指示区域等）	5年以上	中通り	復職
Pさん	女性	生産年齢 前半	浜通り（避難指示区域等）	5年以上	中通り	復職

の印象などに関する回想を抜粋し、それらを突き合わせてパターンを抽出。まとめのメモを作成し、次のインタビュー時に新たな内容が現れた場合には別のメモを作成する、という作業を繰り返した。

　以下の「4．休職期間の職業意識」には、事業所再開「以前」の休職期間に関して教わった内容を記す。「5．復職直後の職業意識」には、再開「以後」つまり復職後の数カ月に関する内容をまとめる。

　このように、複数の従業員の証言に基づいて再開以前と再開以降の経過を解釈していくのは、これによって、多様な従業員がそれぞれの立場から経験した対応や解釈を全体として把握できる利点があるからである。

4．休職期間の職業意識

　原発事故に伴い、V法人の施設は休業を余儀なくされた。働く場を失い、稼得がなくなった従業員たちは、仕事を探さなければならなかった。そこで、すぐに新たな勤め先を見つけて再就業した人は少なくない。

　勤務を始めた人は、数カ月後に開設されるV法人の施設には勤めにくかったと考えられる。V法人の施設に「戻る」ときには、新たな勤め先を辞さねばならないからだ。もちろん、そのような人は存在した。しかし復職した人の多くは、この間に就業していなかった。まだ働いていなかったからこそ、復職できたのだと言える。

　それでは、この間に就業していなかった人は、働く意思を持たなかったのだろうか。もしそうだとすれば、V法人の施設が開所したとしても働こうと思わなかっただろう。このように考えれば、復職した人の多くは、就業の意思を持っていただろうと推定できる。就業の意思を持っていたからこそ、復職できたのである。

　このことから、従業員が復職するためには①就業意思を持ちながらも②実際には就業していない、という二点が必要だと分かる。では、なぜ従業員たちは就業意思を持ちながらも就業していなかったのだろうか？

　本節では「休職」期間中に生じた職業意識を分析し、従業員たちが従来の事業

者のもとに「戻った」理由を考える。このために、被災生活および社会関係の中
で生じた状況と心情を見ていきたい。

（1）被災生活と職業生活の状況

　まず、地域生活と家族生活の状況を確認しよう。

　今次の原子力災害により、地域生活は丸ごと失われた。このことは仕事に対す
る考えにも影響する。自宅が避難指示区域となったPさんは次のように話す。

> 　震災が起こってしばらくは、何が起こっているか分かりませんでした。なん
> でこういうことになったのか、納得もいきませんでした。私の場合、転職とか
> そういうことを考えるような状況ではなかったです。　（Pさん、2018.04.28）

　従業員たちは職業人である前に生活者だった。生活の基盤を失うことは、身の
振り方を考えることも困難にした。

　複数の避難所を転々としながら具合の悪い親を世話し、学校に子供を通わせた
Iさんは、当時は「一日一日がいっぱいいっぱい」だったという。

> 　生活に追われていたわけではありません。これから先、どうなるのかが分か
> らなかった。精神的に余裕がなかったんです。最優先だったのは、家族のこと。
> 目の前のこと、生きていくことに必死でした。「仕事」の二文字は頭に浮かび
> ませんでしたよ。
> 　　　　　　　　　　　　　　　　　　　　　　（Iさん、2018.08.07）

　こう話すように、Iさんは家族を支えることで精一杯だった。行く末の見えな
い避難生活の中、就業のことは考えられなかったのである。

　一方、身の置き場が定まることで状況が変わった人は多い。それによって別の
問題が生じた。終わりの見えない避難生活は、単調な日々をもたらしたのである。

　自宅に住めなくなったMさんは、家族を伴い、親戚の家に滞在した。家の人
は全員が勤めに出ていたため、気まずい思いをしたという。

　一緒に避難してきた家族も、朝は家を出て学校や仕事に出かけます。私だけがずっと家にいるわけです。「一日中、なにをしてるんだ」と思われている気がしてなりませんでした。働かなければいけない、と感じることは多かったです。
　　　　　　　　　　　　　　　　　　　　　　　　（Mさん、2015. 12. 04）

　宿泊施設で避難生活を送ったOさんは、正反対の状況に置かれた。一緒に過ごす家族は誰も働いていなかったため、気詰まりな生活が続いたという。

　朝起きてから夜寝るまで、全員が同じ部屋で過ごすでしょ。一日中、ずっと家族といるわけです。気はつかう。寝そべってもいられない。仕事せずに暮らせるなんて立派な身分と思われるかもしれないけど、私は働きたくて仕方なかった。
　　　　　　　　　　　　　　　　　　　　　　　　（Oさん、2016. 05. 04）

　このように、屋内にこもる生活を耐えがたく感じた二人は、勤め先を確保して外に出たい、と考えた。先の見えない避難生活だからこそ、職業を必要とした場合があったのだ[15]。
　では、それならばなぜ従業員たちは就業していなかったのか。この点を考えるため、次に、仕事自体に対する捉え方を見てみよう。
　従業員の間には、「転職」に対する抵抗感が強かった。Mさんは、適当な仕事を見つけたとしても「気持ちが付いていくか」を不安に思ったという。

　私たちってある日とつぜん働けなくなったんです。自分の意志ではありません。ああいう終わり方をして、終わったとは思えない。私の中では、まだ続けていたい。体だけなら新しい職場で働けます。でも、「働くのはここじゃない」と思ってしまう。
　　　　　　　　　　　　　　　　　　　　　　　　（Mさん、2015. 12. 04）

　心が体についていかない、と思ったMさんは、知人から仕事を紹介され、自分でも仕事を探そうと考えたが、就職活動をしなかったのである。
　一見すると対照的なのが、「一日でも早く働きたい」と考えたKさんである。

Ｋさんは、仕事のない避難生活が耐えられなかったのだという。

　　散歩してても、草をむしってても、自分の家じゃない。誰かの家。「なんで
　今こんなことをしているの」。考え始めると、涙が止まらなかったんです。何
　も考えなくていいように、時間を拘束してほしかった。働いていれば、考えな
　くてすんだんです。
　　　　　　　　　　　　　　　　　　　　　　　　　　（Ｋさん、2018.08.07）

　ただし、いつかまたＶ法人の施設で働きたいと考えたＫさんは、離職せず、籍
を残してもらった。避難先でも仕事を得たが、事情を話し、パートの勤務にして
もらったという。
　このようにいずれの場合も、突然それまでの仕事が中断されたため、再就労に
戸惑いを感じた。それゆえに、本格的な転職に踏み出すことは容易でなかったの
である。
　以上の結果から、従業員たちが一方では就業意思を持ちながら、他方では再就
業せずにいた事情が分かる。発災時点から数か月を経ても、納得して働ける職場
が現れれば就業できる状態にあったことが理解できよう。

（2）利用者・同僚との関係

　しかし、これだけではまだ従来の事業者のもとに戻る理由にならない。数カ月
の休職期間を経て、従業員たちが再びＶ法人の施設に惹き付けられたのはなぜな
のだろうか？
　休職期間中の出来事を振り返る際、従業員たちは従来の施設で関わりのあった
人たちのことを話題にする。以下では、このうち利用者と同僚の存在について考
えよう。
　2011年3月11日に始まった原発事故は、従来の施設に立ち入ることを困難に
した。このことは、それまで施設を利用してきた人たちの居場所がなくなること
を意味した。
　3月の末、Ｍさんは十数名の利用者を他の施設に送り届けた。このときＭさん
は、職員に付き添われて施設に入っていく利用者に声をかけられなかったという。

　慣れ親しんだ地域を離れ、初めて来た施設に身を置くことになった皆さんは、どんな気持ちだったのか…。とても不安な思いをしたと思うんです。なのに私は、その場を立ち去ることが申し訳なくて、ほとんど何も言葉をかけられなかったんです。
（Mさん、2016.01.15）

　このようにMさんは、きちんとした挨拶ができなかったことが心残りとなったという。
　一方、このときは一日でも早く利用者を安全な環境に移すことが重要だった。Pさんは、ベッドもなく食事の方法も限られていた避難所の状態を次のように説明する。

　私たちがお世話を続けていたら、無事に過ごしてもらえたか分かりません。職員の疲労も限界に達していました。いつなんどき大きな怪我や命の危険が起こるかもしれなかった。そうなる前に各地の施設へ移送できて私は心底からホッとしましたよ。
（Pさん、2018.04.28）

　それゆえにPさんは、「やれるだけのことはやった」と考える。このように当時、施設と一緒に避難した職員は、自分がどれだけ利用者のためになれたかを問い続けている。
　数週間後、職員たちは声をかけ合い、福島県内および隣接県の転所先施設を訪ねた。当時、利用者の多くは混乱し、元の町や施設に「帰る」と訴え続けたという。
　しかし、利用者に面会すると別の印象も受けた。元の利用者と再会できたMさんは、数名の元利用者から聞いた言葉が印象的だったという。

　「ここの皆さんにはうんとよくしてもらってるんだ」、「ここはほんとにいいところだよ」、と話される方がたくさんいました。かえって私たちを安心させようとしているようでした。そうした姿に、いくらか救われた気持ちになれた

かもしれません。　　　　　　　　　　　　　　（Mさん、2016. 01. 15）

　このような会話を通じ、3月末に感じた「心残り」はいくらかやわらいだという。

　こうしたきっかけから、従業員たちは過去に育んだ利用者との関わりを築き直していく。ほかでもないV法人の施設に勤めた頃の自分を思い起こし、V法人に「戻って」利用者の皆さんのために働きたい、と考えた従業員は多いと思われる。

　とはいえ、避難指示区域の施設を再開するには困難が大きい。元の利用者と共に過ごせる日は遠かった。

　そこで次に、これらの回想に現れる他の職員との関わりを見てみたい。

　発災後、共に避難した職員たちは、互いの奮闘を労い、将来の再会を約束した。一方、避難時に合流できなかった職員は、他の職員と言葉を交わす間もなく離れ離れとなった。

　「みんなどうしているかな」と気にかけた職員たちは、親しい間柄で連絡を取り合った。

　　Eメールなどで、「避難のとき、駆け付けられなくてごめんね」と言う方も多い。申し訳ないと思ってくれてるんです。そうしたときは、「大丈夫、気にしないで」と話しています。皆、それぞれの事情で、自分や家族を守るために避難したんですから。　　　　　　　　　　　　　（Pさん、2016. 10. 02）

　こうした機会は、震災が起こるまで一緒に勤めた同僚との関わりを懐かしく感じ、やり取りが続けられる関係を大切に感じるきっかけとなる。

　こうした関係は、しばしばV法人の施設に「戻る」ことを直接に促した。利用者の転所先を訪ねて回った従業員たちは、その足で、業務を続ける管理職のもとに顔を出したという。

　　私は自分自身、仕事をしたかったし、これまで一緒に働いてきたこのメンバーでまた働きたかった。管理職の皆さんに会ったときは、ぜひ施設を再開さ

せましょう、と言っていたんです。　　　　　　　　　　（Kさん、2018.08.07）

　このような機会に、職員たちはまた一緒に働こうという考えを互いに知ることになる。

　施設の立ち上げ計画が定まると、予定地の近辺にいた従業員たちは連絡を受けた。

　Ｉさんは、信頼する管理職員から電話を受けたが、最初は「若い人たちに機会を与えてください」と話し、復職の誘いを辞退したという。

　　私は、大変なときにいなかったから。働けるような環境じゃなかったですし。でも、「声をかけられたときは二つ返事で行け」と家族から言われたんです。また、自分たちは自分たちのことをやるから、と言って背中を押されたんです。

　　　　　　　　　　　　　　　　　　　　　　　　　　（Ｉさん、2019.01.10）

　Ｉさんは避難の時にできなかったことを「返す」つもりで働こうと考え、復職の決断を固める。このとき、管理職員を始め、過去の同僚の存在が、安心要素の一つになった。

　このように、利用者との関わりや一緒に働いてきた同僚との関わりは続けられた。また、利用者や同僚との間には新たな関係が構築された。このことが従業員たちの意識を再び職業に向かわせ、どこで誰と働きたいのかを考えるきっかけになった。

　こうした過程を通じ、事業者のもとに「戻って」働きたいという職業意識が形成される。これによって、転職でなく「復職」を求める就業動機が得られたのだと考えられる。

５．復職直後の職業意識

　前節で見たように、従来の事業者のもとで勤めたいと考えた従業員は少なくない。ただし、従業員たちが本当に働きたかったのは発災前の職場である。避難先

で再開した施設は、従来と立地も業態も異なる。

　前節では仕事に「戻りたい」という考えを生み出した休職期間中の職業意識を明らかにしたが、それだけでは新たな施設に「復職」して以降も仕事を「続けたい」と思える理由にはならないはずだ。

　しかし実際に、復職した職員たちは仕事を続けた。少なくとも、最初の数カ月間に退職した人はいないのである。ここには、「戻りたい」という考えを生む職業意識とは別の状況や心情があったと考えるのが自然である。

　それでは、従業員たちが新たな職場で働き続けた理由は何だったのだろうか？

　本節では復職直後の数か月間における従業員の職業意識を分析し、就業継続の動機を明らかにしたい。このために、新施設の職業状況と社会関係について見ていく。

（1）新設事業所の職場と職務

　まず、新たに勤め始めた事業所の職場構成を考える。

　従業員にとって、職場を構成する職員の顔ぶれは大事な要素だった。かつて新卒者としてV法人に入職したMさんは次のように言う。

　　初めての仕事、初めての一人暮らしで右も左も分からない中、上の人からはとても世話になりました。生活から何から、面倒を見てもらって。ご飯に連れて行ってもらったり、飲みに誘ってもらったり。こうした皆さんには温かさを感じるんです。　　　　　　　　　　　　　　　　　　　　（Mさん、2015. 12. 04）

　法人には数人から十数人程度で少人数の職場があったため、その単位ごとに身近な付き合いがあった。このメンバーが再開施設にもいると働きやすかったのである。

　一方、新たな施設に合流できたのは全体の一部だったため、同じ単位で働いたことのない人も多かった。だが、そうした職員に対しても、Kさんは懐かしく感じたという。

　一緒に働いたメンバーではありませんが、みんな顔を合わせれば声を掛け合っていた職員。名前も分かるし顔も分かる、同じ施設にいたメンバーです。この人たちと一緒に働ける、というだけで私は本当に嬉しかったんですよ。

（Kさん、2018.05.26）

　このように思ったKさんは、この顔ぶれでどんな職場にしていこうか、と考えを巡らせたという。

　ただし、本来従業員たちが働きたかった施設は、避難指示区域等に残された震災前の施設であることを忘れてはならない。そのため、新たな施設で再び以前の同僚と働けるといっても、それは決して全てが元通りになることを意味してはいなかった。

　それでも、復職後の仕事が以前と同じであればいくらか従来と同じ仕事ができると感じられただろう。この点を確かめるため、次に、新たな施設における職務の内容を見よう。

　休職期間の数カ月、ずっと家族と一緒にいたOさんは、勤務が開始されたことで、日中は出かけられるようになった。その喜びは非常に大きかったという。

　ここが始まったときは、うれしくてしょうがなかったよ。普段は大変に感じる仕事も、毎日、よし頑張ろう、って気持ちになったなぁ。

（Oさん、2016.05.04）

　このような証言は多くの職員に共通している。見ての通り、勤務を再開できること自体が大きな変化だった。このことは、仕事に励みたいという意識も高めたのである。

　しかし、従来の施設と比べれば業務の内容は変わった。また、それぞれに与えられた仕事も異なる。

　以前の施設では利用者一人一人に対するサービスを担っていたKさんは、新しい施設では利用者家族や外部機関から相談を受けながら調整を図る仕事を担う。

　あの頃は、書類も言葉も何も分からなかったんです。役場や他機関に電話して書類の出し方を教わるんですが、電話口で言われることが何一つ分からない。そうこうしているうちに利用者さんの相談が始まる。ただただ胃が痛かったですよ。
（Kさん、2018. 11. 13）

　このように、当該業務の経験者がいなくなったため、自分で仕事を覚えていかなければならなかったKさんは苦労したという。
　また、Hさんは発災前の業務の延長で書類の作成等を担ったが、原発事故の関係文書が膨大となり、仕事に追われる毎日だったという。

　仕事の経験自体も浅くて、内情がまだ分からない状態だったせいもありますが。従来は何人かで手分けしていた仕事を今は主に一人でやっています。毎月、震災前の利用者に関する報告も出さなければいけません。仕事量は多いですね。
（Hさん、2015. 12. 04）

　このように、従来の業務分担に加えて災害に関わる業務が重なったが、これを担う職員は少なかった。
　一方で、施設が提供するサービスの内容そのものが変わったことの影響もある。開所当時は利用者の人数が少なかったために、職員の仕事が少なかったことも影響している。

　あの頃は、一日を終えて、「今日はしっかり仕事したぞ」と思えることが少なかった。以前は、体力を使う仕事だったので張りがあったんです。今は、そういう仕事じゃないので……。気持ちが充実してるかっていうと、どうでしょうか。
（Mさん、2015. 12. 04）

　このようにMさんは、仕事の内容の変化によって「物足りなさを感じる時」があったという。
　三人の状況に共通するのは、新施設における職務が、過去の職業経験やキャリ

アプランの延長でなかった点である。このことが、適度な充実感を得にくくさせたと考えられる。

　以上の内容を要約すると、休職中の悩みはいくらか解消し、前向きに働けるような状況が生まれたが、その一方で、従来の職場や職務から変化した点は多かった。このような中で、従業員たちが働きがいを感じられたのか、定かではない。

(2) 新たな施設の社会関係

　もちろん、復職後の仕事に働きがいを感じられなかったとは考えにくい。現実に従業員たちは仕事を続けたのである。そこでここでは、従業員たちが新たな職場で形成した社会関係の特徴を見ることで、仕事を続けようと思えた理由を確認しよう。

　まず、利用者との関わりを見る。新しく開所した施設に、以前の利用者は戻れなかったが[16]、従業員たちは、施設を利用する現在の利用者に対して真剣に向き合うこととなる。

　職員たちの回想に繰り返し現れるのは、「話し相手がいない」と嘆く利用者たちの境遇である。

　　施設の利用者は、話し好きな人ばかりです。なのに今は、仮設住宅で暮らしていて、家を出ない生活が続いてます。テレビを見ているだけ、という生活の人もいますよね。一人でいる間は、寂しい思いをしているんじゃないかなと思うんです。
　　　　　　　　　　　　　　　　　　　　　　（Mさん、2016. 01. 15）

　そのような考えから、施設を利用する皆さんの話は「うんと聞いてあげたい」という気持ちが強くなったかもしれない、とMさんは話す。

　そのようなときに心がけたことは、住み慣れた地域を離れ、ときに落ち込んでしまう利用者を元気づけたい、ということだった。

　　何気なくお話しをしていても、ぽろ、ぽろ、と涙をこぼす利用者さんは多かった。職員だって、テレビに自分の町が映し出されると悲しくて涙がこみあ

げてくる。だから、面白いことをたくさんやって、笑って過ごしてもらえるように努めていました。　　　　　　　　　　　　　　　（Kさん、2018. 11. 13）

時間が経ち、利用者と職員の距離が近くなると、また別の状況も生まれたという。Oさんは、職員に対して鬱憤をぶつける利用者が現れたと述懐する。

　施設を拠り所とする人の中には、攻撃的な言葉を職員に向ける人もいました。ここだと自由に言えるとか、わがままが言えるとか……寂しいから、強気になるのかもしれません。その気持ちも分かるぶん、こちらも、はぁ、と気落ちしてしまうんです。　　　　　　　　　　　　　　　　　（Oさん、2016. 05. 04）

しかし、仕事の意気込みは削がれなかった。むしろ、色々な場合があるけれども、喜んでもらいたいというのが一番であることには変わりない、と職員たちは口を揃える。

　利用者さんが、「今日は楽しかったよ、ありがとな」と笑顔で言ってくれることがあるんです。こういうとき、あぁ、楽しんでもらえてるんだ、よかったなぁ、と気づきます。すると自分自身も、あぁ、働いていてよかったなぁ、と思えるんです。　　　　　　　　　　　　　　　　　　（Iさん、2019. 01. 10）

このように、新たな利用者に向き合い、新たな関係を構築する過程を通じて、従業員たちは「少しでも利用者のためになることができれば」と考え、仕事を続けたことが分かる。

　もちろん、このような過程を職員が個別に経験するだけでは、働きがいは感じにくいかもしれない。そこで最後に、こうした関係の構築が職員の間にも表れたことを見ておこう。

　先に見たように、従業員たちは新たに集まったメンバーで職場づくりをしなければならなかったが[17]、互いに見知った中堅職員が集まった施設では、比較的すぐに息の合う関係ができたようだ。「実績」の入力から「報酬」の請求までの作

業をこなしたKさんは言う。

> この職場には中堅どころのベテランが集まったんです。「じゃぁ、これ私やるよ」「こっちは、そっちでお願いね」と、パッパッと仕事を分担していきました。私は、すごく働きやすかったですよ。気がねしないでいいメンバーだったなと思います。
> （Kさん、2018. 11. 13）

職種や年齢層が大きく異なり、初めて一緒に働いた顔ぶれも多い施設では、考えや思いがぶつかった。とくに、利用者が求めるものについては意見が分かれたという。

> みんな利用者のためと思って一生懸命なんですよ。意見を擦り合わせるのは本当に難しかった。でもね、私はみんなが気持ちよく働けるようにしたいな、と思っていました。せっかく、縁あってここで一緒になったメンバーなんですから。
> （Pさん、2018. 05. 26）

このように、職員同士の関係も新たな局面に入っていく。互いの意向を汲み、皆で良い職場を作っていきたい、という目標や理想が芽生えていったのである。

そうした状態を短期間で実現させることは難しいため、明確な「達成感」は得にくいだろう。しかし、そのことが仕事への意気込みを削ぐわけではなかった。むしろ、よりよい職場を作りたいという意識は維持されたように思われる。

以上の結果は、従業員たちが新たな利用者との関係を築きながら、これに取り組む同僚の間にも新たな関係を構築していたことを示している。このような過程を通じ、従業員たちは新たな職場の新たな職務に対する意味付けを行った。これによって、復職当初の時期に特有の考えを持つようになったのである。

このことが、「戻って」勤めた先の仕事を「続けよう」とする職業意識を形成した。そしてこのことから、転職でなく「復職」を志向する就業動機がさらに固められたのだと考えられる。

6．知見と考察

　以上の結果に基づき、休職から復職までの過程において福祉施設の従業員が形成した職業意識について分かったことを記したい。それぞれの局面において従業員の生活状況ならびに社会関係が果たした役割に即して、いくつかの特徴を述べる。

　まず休職期間の特徴を述べる。

（1）従業員たちは原子力災害によって強いられた避難生活は、地域社会全体の喪失、ならびに先の見えない避難生活を生じたが、このことがかえって職業の必要性を高めた。ただし、従業員たちは「ある日とつぜん働けなくなった」ことの衝撃から、簡単に転職することはできないと考えた。このような事情から浮かび上がる職業意識の特徴は、①就業意思はあるが②本格的な再就業に進みにくい、ということだった。

（2）これに対して、従業員たちの社会関係は、一度は「ばらばら」に切り離されたものの、それらが避難先の各地において、あるいはEメールなどを通じて再構築された接点は、従業員たちにV法人との関わりを想起させた。このことが、③従来の事業者のもとに「戻って」働こう、と考える職業意識を形成した。

　次に、復職直後の特徴を述べる。

（1）V法人が開設した施設に従業員が集ったことは、震災前の職業環境を想起させる環境が生まれたことを意味したが、現実に着手された事業は、新たな施設に集まった顔ぶれの中で行える限りの福祉サービスだった。①新たな職場および新たな職務に対しては新鮮味が感じられた一方で、②これを通じて働きがいを得られるかは定かではなかった。

（2）しかし、同施設に新たに現れた社会関係状況は、こうした職業意識を刷新していく。サービスの利用を始めた新たな利用者が置かれた境遇に対して、

従業員たちは自身の状況と照らしながら共感し、「楽しんでもらう」ことを第一に考えた。また、そのような取り組みを共に担う同僚との間に、利用者のために必要となる様々な事柄に対し、「気持ちよく働けるように」と考え、この仕事を「続ける」ことを志向する職業意識を形成した。

このように休業期間と復職直後の職業意識は異なっているが、いずれも職業等を含む生活全体の状況によって方向づけられながら、より直接には社会関係状況によって「復職」を志向するものだった。このような重層的な就業意識が、過酷な災害の只中であるにもかかわらず、休業の継続でも転職でもなく、あえて「復職」を求める就業動機を生み出したということが本研究の知見である。

以上の知見に関して、災害研究とりわけ福島原子力災害の研究動向との関連性および相違点について述べる。「3．調査の概要」と脚注（5）（6）（8）でも記したように、労働研究ならびに社会学における原発避難の研究は一定数、存在し、それらにおいては「地域社会全体」もしくは「地域コミュニティ」の喪失が生じたことの様々な影響をとらえる努力がなされている。本研究で得られたような、先の見えない避難生活が、ある種の拠り所として職業を求めさせるという点は、まさにそうした地域社会の喪失に由来する出来事であると考えられる。翻って言えば、そのことを背景として職業生活ならびに職業意識の変容を明らかにしたことが、本研究の独自性であると考えられる。

また、福祉分野の災害経験ならびに災害対応に関する文献との関連性および相違点を述べる。「2．研究の対象」でも述べたように、福祉従業者たちは、自らも被災しながら、他の被災生活者に対して地域ぐるみの支援を遂行せねばならないという特異な状況に置かれる。これまで、そうした状況に置かれた従業員たちの職業意識はテーマ化されていなかったが、本研究の結果からは、災害福祉の現場に戻った福祉従業者たちは、支援活動が十分に展開できない現実に戸惑いながらも、職業を自分たち自身の生活の拠り所とし、利用者と同僚のために自信の職業に専念するという事実が浮かび上がる。このように、災害時の福祉実践を職業意識の観点から分析した点に本研究の独自性があると言えよう。

7. 結　論

　本研究では、福島原子力災害により、原発付近の地域から避難を余儀なくされた福祉事業者に勤める従業員の証言を得て、原子力災害によって生み出された事業の「休業」、およびこれに続く移転・再開の過程を分析した。この結果を通じ、半径40kmの土地、1万近い事業所、10万人にのぼる人々が暮らしていた地域が失われた過酷な状況において、それにもかかわらず災害発生後しばらくして移転・再開する事業所に「復職」した福祉職員らの職業意識を明らかにした。

　本研究の意義は、国内の労働社会学によって示された災害過程の分析を継承する点にある。辻勝次が規定した「職業被害」の特徴は、「失業、廃業、転職、転業、一時休職、休業などの被害を、それも繰り返し被った」ことによる不安定性にあったが、こうした特徴の構成要素には「復職」という類型を付け加えてもよいと考えられる。むろん、災害によってもたらされた事業環境の不全や生活環境の不遇が解消された上でのことならば、復職という就業行動には明らかな被害性を認めにくいかもしれない。また発災前に比べて復職後の従業環境が悪化していないならば、職業被害の内実は見出しにくいだろう。しかし、そうした環境の改善がない状態でも「復職」が進むことは、否定できない事実であるはずだ。

　もう一つの意義は、このように過酷な状況のもとで、従業員たちの意識過程における職業倫理の再編が見られたことを示唆する点にある。すなわち、従業員たちは数ヶ月の休業期間中も、事業所に「復職」した後も、利用者や同僚との関係を新たに構築する必要に迫られた。この過程を通じ、「この人たちと働きたい」「この人たちのために働きたい」といった関心を持ったことから、自身の職業の意義を再確認することとなった。ただし、このことは被災した地域の人間関係への関心から従業員たちが離れていったことを意味しない。そうではなく、従業員たちは何よりもまず、これまで自分たちが関わってきた地域および職域の人たちとともに原子力災害によってもたらされた苦難を乗り越えたいと考え、「復職」して従業することを選んだのである。このように、職業被害を通じて得られた職業倫理は、同じく被災した人たちとともに歩むことを志向させる点に特徴があったと考えられる。

　被災した従業者は、発災前の職業経験と関係なく新たな被災生活と職業生活を模索する存在ではない。そのような職業人が、最初に想定する職業再生の過程の一つは「復職」である。これまで、このような基本的な観点は見落とされてきたが、今後、災害研究と労働研究を架橋する視点の一つとして、一層の考究が求められよう。

（謝辞）　調査に協力くださったＶ法人の皆さまに、この場を借りて御礼申し上げます。分析に対し示唆をいただいた災害研究者や社会学研究者の皆さまにも感謝いたします。
　　本研究は、トヨタ財団研究助成プログラム（個人研究助成）「原発避難における中小事業所の実態と課題」（2013-2015年、D13-R-0431、代表吉田耕平）、ならびに日本学術振興会科学研究費補助金（若手研究）「福島原発事故に伴う中間集団の被害と対応」（90706748、2015-2017年度、代表吉田耕平）によって行われました。ここに謝意を表します。
　　なお本研究の内容については、全て本稿の筆者に責任があることを付言します。

（注）
1　これは休業や復業と呼称される場合もあるが、本稿では「休職」や「復職」と記す。混乱を避けるため、「休業」と「復業」の語は事業の休止と再開の意味に限る。
2　こうした原因による休職は、「被害が発生するメカニズムは明快」（同上）と辻が言う現象に属する。たしかに、これらのメカニズム（事業と生活の条件の悪化）が全く改善しなければ一時休職は解消しない。それらの十分な改善によって「復職」が生じるならば、これは職業被害の継続と見なしにくい。
3　阪神淡路大震災で被災した中小企業の経営者は、次のように語っている。
　　　　社会保険費もまったく配慮されず、待ってくれない。結局、何とか雇用保険で食いつないでくれと暫定解雇した。今、従業員の八割は戻て（ママ）きたが、二割は、雇用保険では住宅ローンが払えない等の理由でやむなく大阪に［出て行って］勤め、戻って来られない。（浅野・過1997: 109-110より引用、カッコ内の補足は本稿の筆者によるもの）
　　この例は、事業所の「休業」に伴って一度は従業員全員が「退職」したケースである。その後、同じ立地で事業を「再開」し、8割の従業員が「復職」したことが分かる。
4　働きがいが得やすい一方で、気持ちを擦り減らす例も多い。たとえば、強い職務負担を抱え、疲弊し、消耗する、気持ちが「折れてしまい」、「燃え尽きる」といったパターンが指摘される。
5　福島第一原発から半径20km圏内には警戒区域が設定され、30km圏や40km圏の一部にも避難行動等の「対策区域」が設定された（吉田・原田2012）。これらを総称して以下では「避難指示区域等」と記す。
6　原発避難の主体を居住者に限る議論もあるが（山下2012）、ここに広く事業者や労働者か

らペットや資材までの多様な主体による避難行動を含めてもよいと考えられる。

7　警戒区域以外の事業者も、顧客と従業員を確保できずに休業を余儀なくされた。警戒区域以外の居住者も、安全が確保されず、仕事場や生活の場を失い、休職を強いられた。ただし、警戒区域および周辺の地域では避難指示が解除され、事業者と従業者の一部が仕事を再開している。

8　被災した職業人の状況を記す文献は、専ら民間企業や地方公共団体、個人商店や農林漁業の担い手に関する調査の結果等を検討しているが（西山他 2014; 高木・除本 2017; 濱田他 2015 等）、少数ながら雇用者（被用者）の意識と行動を分析したものも見られる（玄田2014 等）。

9　避難指示等区域となる地域には、発災時まで多数の福祉施設が立地していた。2015年3月の時点で見ると、避難先の地域で再開されたのは27施設である。この他に、18施設は震災前の場所で再開している一方で、29施設は休止を続け、2施設は廃止されたという（鈴木 2015）。

10　辻（2001: 40-41）は阪神淡路大震災の調査を通じ、発災から数時間および数日間をそれぞれ「応急期」「緊急期」と呼び、生命の危険を逃れる時期とした。原子力災害の場合、こうした「応急期」「緊急期」に該当するのは、発電施設の損壊および放射性物質の危険から逃れ、食料と衣服、および安全で安心な地域や家屋を求めて行動する期間だと考えられる。この期間は事業者と従業者の多くは通常の職業再開を考えられないため、これらの期間を本稿では対象としない。

11　辻は、発災1週間後から2年後までを「再生準備期」（2001: 42）や「復旧期」（2001: 191-192）と理解した。しかし原子力災害の場合、一、二年間では放射性物質の拡散や避難生活の終わりを見込めない。そこで本稿では、さしあたり発災1週間後から1年後までを再生準備「開始期」と位置づけ、この間の出来事を論じる。一方、これに続く時期は再生準備の「本格期」と考えられるが、本稿の対象外とする。

12　以下ではV法人のもとで働く従業者を適宜「従業員」「職員」などと言い換える。「元」の従業員とは発災前に勤務したことのある人を指す（その後の復職者を含む）。また福祉サービスを利用する人を「利用者」と記し、その家族を「利用者家族」と記す。「元」の利用者は発災前に利用したことのある人である（その後に再び利用した人を含む）。

13　情報提供者の中には、①復職しなかった元職員、②上記の開所時に復職した職員（調査時点まで継続していた人、調査時点までに離職していた人）、③開所後に復職した職員（同上）、④開所時に入職したその他の職員（同上）、④開所後に入職したその他の職員（同上）―が含まれる。

14　本稿では、職員一人一人を特定できるような情報の記載を避ける。また、可能な限り読み手に伝わりやすい表現に務める。このために、主旨を変えない限りで文面を修正し、発話者本人による文面の確認を受けた。このような経緯から、会話の展開や口調が捨象された引用文となることを断っておきたい。

15　玄田（2015）は居住環境の喪失が就業意欲を低下させると述べたが、反対に就業意欲を生み出す例もあると言える。いずれにせよ、職業への志向は稼得の必要だけから生じるの

ではないことに注意したい。

16 一部の利用者は新たな仮設づくりの施設を利用したが、それはごくわずかな人たちに限られたため、「復職」した従業員たちが従来の利用者と再び過ごすことはほとんどかなわなかった。

17 以前の職場で同じ小単位に所属していたメンバーも加わっているが、同じ小単位で勤めていたメンバーだけではないため、新しく集まった顔ぶれの中で新たな関係を築くことが必要だった。

〔参考文献〕

Aldrich, Daniel P. (2012) Building Resilience: Social Capital in Post-Disaster Recovery, The University of Chicago Press.（＝石田祐・藤沢由和訳（2015）『災害復興におけるソーシャル・キャピタルの役割とは何か―地域再建とレジリエンスの構築』ミネルヴァ書房。）

浅野慎一・過放（1997）「神戸の華僑の被災と相互援助」神戸大学〈震災研究会〉『苦闘の被災生活』神戸出版総合出版センター。

Fritz, Charles E, and John H. Mathewson (1957) Convergence Behavior in Disasters: a Problem in Social Control.

玄田有史（2014）「東日本大震災が仕事に与えた影響について」『日本労働研究雑誌』56（12）、100-120頁。

玄田有史（2015）『危機と雇用―災害の労働経済学』岩波書店。

濱田武士・小山良太・早尻正宏（2015）『福島に農林漁業をとり戻す』みすず書房。

長谷川公一・山本薫子編（2017）『原発震災と避難―原子力政策の転換は可能か』有斐閣。

医療経営情報研究所編（2016）『病院・介護施設のBCP・災害対応事例集』経営書院。

神戸新聞社会部（1997）『ザ・仕事―阪神大震災聞き語り』神戸新聞総合出版センター。

西尾祐吾・大塚保信・古川隆司編（2010）『災害福祉とは何か―生活支援体制の構築へ向けて』ミネルヴァ書房。

西山慎一・増田聡・大澤理沙（2014）「被災地企業の復興状況―2013年アンケート調査概要と復興の全体像」東北大学地域産業復興調査研究プロジェクト編『震災復興政策の検証と新産業創出への提言』河北新報出版センター、116-32頁。

大矢根淳（2017）「震災復興とレジリエンス」石原他編『産業復興の経営学』同友館。

関満博（2014）『東日本大震災と地域産業復興IV―「所得、雇用、暮らし」を支える』新評論。

鈴木淳一（2015）「医療・介護の震災前後の状況変化と課題」（2015年3月27日審議会報告、福島県保健福祉部長）。2019.06.24, Web取得（http://www.reconstruction.go.jp/topics/main-cat1/sub-cat1-4/20150407_syoraizo_4_siryo1_iryou-kaigo.pdf）。

鈴木竜太（2013）『関わりあう職場のマネジメント』有斐閣。

高木竜輔・除本理史（2017）「原発事故による福島県内商工業者の被害と賠償の課題―福島県商工会連合会の質問紙調査から」『環境と公害』47（4）、64-70頁。

辻勝次（2001）『災害過程と再生過程―阪神・淡路大震災の小叙事詩』晃洋書房。

浦野正樹（2009）「災害をめぐる新たな想像力―社会の「復元＝回復力」概念の導入」『関東都

市学会年報』第11号、14-22頁。

山下祐介（2012）「東日本大震災と原発避難」山下祐介・開沼博編『「原発避難」論』明石書店、19-56頁。

吉田耕平・原田峻（2012）「自治体の避難過程」山下祐介・開沼博編『「原発避難」論』明石書店。

吉田耕平（2015）「福島原発災害の事業所被災と調査課題：発災前後の各種統計の検討」、震災問題情報連絡会『社会学震災研究交流会研究報告書』、57-61頁。

吉田耕平（2018）「原子力災害と産業の立地変動―福島県双葉郡内の大企業事業所と地元企業の統計的把握」『東日本大震災研究交流会 研究報告書』4、56-59頁。

全国社会福祉協議会（2013）「2011.3.11東日本大震災への社会福祉分野の取り組みと課題―震災から一年の活動をふまえて（活動記録）」。2018.09.01、Web取得（https://www.shakyo.or.jp/saigai/pdf/katsudou_kiroku.pdf）。

教育実践報告

1 大学生に労働社会学的なフィールドワークを
どう教えるか──ある地方大学の事例から──　　　　長谷川美貴

————— 日本労働社会学会年報第30号〔2019年〕—

大学生に労働社会学的なフィールドワークを
どう教えるか
——ある地方大学の事例から——

長谷川　美貴
（常盤大学）

はじめに

　一般に質的調査は量的調査に比べて多くの時間と労力を要する。にも拘わらず、日本の労働社会学は質的調査を重んじてきた（河西2003; 日本労働社会学会1999, 2000, 2001）。そしてそのおかげで、我々は長い年月に耐える貴重な調査結果を手にしている（河西2003; 辻2001）。しかし、教育の現場では大学院を除き、この伝統が必ずしも十分に反映されていないのではないか。10年前に遡るが、筆者は社会学的な質的調査法の実習・演習科目につき、全国の大学のシラバスを調査したことがある。だが、明示的に労働に纏わる調査を行なっているケースはごく僅かであった（長谷川2010）。そして、その後も大きな変化が見られぬまま現在に至っているようである。学部生に対する労働社会学的な現地調査の指導法に関する先行研究を探してみても、その数は非常に限られている。これは非常に残念なことである。

　日本では1980年代後半から質的調査法への関心が高まっている（佐藤2007; 澤村2007; 山中2001）。海外の主要な質的研究の入門書が翻訳され、日本の研究者による関連書の出版も相次ぎ、大学においても質的調査法を教える授業が増えた。先のシラバス調査によると、社会学系の実習・演習科目に限っても少なくとも100校近くの大学がこうした授業を展開していた。社会調査法の教科書の内容も変化している。従来は量的調査法のみを解説するのが典型だったが、近年では質的調査法に対しても同程度の注意を払うものが目立つ（e.g., 大谷他2007; 白谷, 朴2007; 原田他2007）。この背景には、"人間不在"の量的調査法への批判

（北澤, 古賀 2008）、質的調査法の利点や教育上の効果に対する認識の広がり（井上 2005; 西澤 2007; 西村 2005）、及び社会調査士認定機構（現・社会調査協会）の設立がある（小野 2006; 後藤 2005; 多賀 2007）。

　質的調査法の意義が広く注目を集めるようになる中で、質的調査を重視してきた労働社会学では大学生に対してどのようなペダゴジーを提供しうるか。本稿の目的は、筆者の教育体験を題材に、大学生に労働社会学的な質的調査法を学んでもらう今日的な意義と課題について考えることにある。

　筆者は2006年度から2017年度まで常磐大学（茨城県水戸市の私立大学）で、3年生を対象とした「社会調査実習（フィールドワーク）」という調査法の科目（通年開講）[1]を担当した。その内容は、学生各自が自ら選んだ県内の「仕事の現場」（同科目の副題）へ何度か通い、合計20〜30時間を費やし、観察、インタビュー、そして・または参与観察を通してそのサイト（調査先、調査場所）における問題を発見し、かつそれらの緩和・改善策を提案するというものである[2]。サイトは民間の事業所や自治体とその関連施設が主であるが、NPOなどのボランティア団体でもよしとした。サイトを選ぶ理由も自由である（就職先として考えている業界だから、何かのきっかけで興味をもったから、通いやすいアルバイト先だから等々）。また、サイトへの理解を深めるため、夏季セッションを利用して県外で比較調査も実施した（このサイトも学生各自が選ぶ）。

　この科目は少人数制だったため12年間の受講生は通算して82名ほどであるが、この事例を通して"非ブランド大学"の"ノンエリート学生"が悪戦苦闘する中で学びうること、そして我々にもたらしうる知見を確認し、もって今後のペダゴジーのあり方を検討する一助になればと思う次第である。以下、授業の目標と進め方を紹介した後（第1節）、その結果（効果）を検討していく（第2節）。最後に、大学生に労働社会学的な質的調査法を学んでもらう今日的な意義と課題についてまとめる（第3節）。

1．授業の目標と進め方

（1）授業の目標

　筆者の授業は一貫して次の3つの目標を掲げてきた。先ず第1に、就職を控えた学生に雇用・労働問題に関する意識や知識を深めてもらうこと。周知の如く、1990年代初頭以降、いわゆる"フリーター"の増加、正規社員であっても早期離職する"七五三"現象、そして"ブラック企業"の顕在化が象徴するように、若年層の雇用・労働環境は極めて厳しいものとなっている。また、男女雇用機会均等法などを通して一定の改善が図られてきたものの、就業や職場における男女の格差は根強く残っている。こうした状況下にあって、経営に親和的なインターンシップとは異なる職場体験を手段に今日の職場の現実を知り、それを自分の将来を考えるヒントにしてもらいたい——これが授業のテーマを「仕事の現場」とした理由である。

　第2に、質的調査法の基礎を身につけてもらうこと。「社会調査実習（フィールドワーク）」は調査法の科目なのでこれは当然の目標であるが、現地調査を伴うことからデータの収集法としては特に観察、インタビュー、及び参与観察を重視してきた。また、現地調査では、事前の交渉から現場での人々との交わりを経て事後の礼に至るまで、あらゆる段階で言語・非言語的コミュニケーションが必要となる。そのため、コミュニケーション能力も質的調査の基礎と位置づけ、その養成を図ることにした。さらに、質的調査の特徴は、仮説検証型の量的調査とは異なり、調査前に強い仮説を立てず、あくまでサイトの"あるがまま"を記述・分析するところにある。この特徴を理解してもらう一環として、調査の課題を現場での問題発見、そしてそれに続く原因分析と問題解決とし、同時にこれらの能力の養成も目指すことにした。

　第3に、茨城県の職場の実態に関するデータを蓄積し、研究上の貢献をすること。この授業ではサイトを茨城県内のそれに限っている。その理由の1つは、常磐大学の学生にも（全国的な傾向の）"地元志向"がみられ、ほとんどの者が県内での就職を希望するからであるが、それだけではなく、受講生が毎年様々な職場で調査を行うことによって、あまり知られていない茨城県における職場の実態

が次第に明らかになることを期待したからでもあった。学部生が20〜30時間で獲得しうる1次データの量や質には限界がある。しかし、同じ調査法と調査課題を継続的に採用することによって、長期的には一定の傾向を析出することが可能であると思われた。さらにいえば、問題解決を調査課題に含めることで、茨城県の労働環境の向上に寄与することも視野に入れていた。

(2) 授業の進め方

筆者が担当した科目は通年開講であるため、ここではセメスター毎の授業の内容を記す。尚、教科書については特定のものは使用せず、複数のテキスト、筆者作成の教材、新聞・雑誌の記事などを組み合わせて用いてきた。また"社会人のマナー"に関する教本やビデオ教材も導入してきた。

春セメスター

・質的調査と量的調査の違いについて解説する。
・学生各自が候補のサイトを3ヵ所選び、発表する。
　サイトは人々が働いている現場であればどこでもよい。候補を3ヵ所挙げるのは、第1希望が叶わなかった場合に慌てないためである。
・授業の最後に提出するレポート（報告書への寄稿文）の構成を学ぶ。
　予めこの構成を指導する主な理由は、レポートを書くためにサイトでどのようなデータを収集する必要があるのかを知ってもらうことにある。構成は以下の通りである。

　　1　はじめに
　　　・何に関するレポートか（サイトと個人のテーマを簡単に紹介）
　　　・調査前の関心事・問題意識とサイトへ入ってからの変化
　　　・調査の概要（調査期間・調査対象者・データ収集法など）
　　2　サイトの概要
　　　・サイトの産業・業種と沿革
　　　・サイトの周辺環境（立地条件など）

　　　・サイトのレイアウトと全体的な雰囲気
　　　・サイトで働く人々（数・属性・雇用形態・職種・配置など）と業務内容
　　3　サイトで発見した主な問題・課題（2、3に絞ること）
　　4　分析（なぜそのような問題・課題が生じるのか、原因分析）
　　5　提案（どうすればその問題・課題が改善するのか、対策の提案）
　　授業の感想

・近年の雇用・労働問題について概説する。
・インタビュー、観察、参与観察の技法を学ぶ。
　メモの取り方やフィールドノーツの書き方も学ぶ。座学と予行練習を組み合
　わせる。予行練習では学生がペアを組んで互いにアルバイト先での仕事の体
　験を（サイトで用いる半構造化された質問シートに従い）インタビューし合
　う。また、自分が選んだ学外の場所で3時間ほどの観察ないし参与観察を行
　う。その後、これらの記録を全員で回し読みし、本番に備えて教員が細かく
　"ダメ出し"をしていく。
・エントリーとサイトでのマナーを学び、調査協力を依頼する手紙を書く。
　手紙の書き方、宛名の書き方、切手の貼り方、電話での承諾確認の仕方から、
　サイトでの挨拶の仕方、服装、調査の倫理（個人情報の取り扱い方を含む）
　といった調査上のマナーとルールを指導したうえで、依頼文を執筆、郵送
　（ないし持参）してもらう。
・文献調査と発表を行う。
　文献調査の仕方を指導した後、学生がサイトに関する導入的な文献資料（図
　書や新聞・雑誌記事）を収集する。また最も参考になる図書1冊につき、レ
　ジュメに基づいた発表を行う。質疑応答では教員を含めた全員が質問やコメ
　ントを行う。
・調査を開始する。
　学生がサイトで過ごす時間は20〜30時間であるが、調査開始のタイミング
　や調査期間は各自がサイトの都合を考慮しつつ、ゲートキーパー（調査者の
　出入りを管理する窓口の人）ないしキー・インフォーマント（主要な情報提

供者）と相談したうえで決める。調査開始は早い場合、春セメの終盤である。調査は遅くとも秋セメ初頭までに終える。（実際の調査期間・日数は最短で連続3日間、最長で3ヵ月にまたがる数日間である。）尚、調査開始から終了まで、教員が必要に応じて個別サポートを行う。

夏季セッション

・調査結果の報告（レジュメに基づく発表）を行う。
　学生が調査の結果（ないし進捗状況）を簡単なレジュメにまとめて発表し、教員を含めた全員からフィードバックを受ける。
・県外で合宿（2泊3日）をし、簡単な比較調査を行う。
　合宿先は教員が指導可能な東京・大阪・沖縄から学生が相談して選ぶ。各自が県内のサイトと関連のある店舗や施設を選んで訪問し、観察とインタビューを行う。たとえば、家電量販店を調査した学生ならば、同じ量販店の別の支店を訪問するなど。県外調査の主な目的は、学生の視野を広げ、問題の原因や解決策の考察に役立たせることと、調査時間が20時間に満たなかった者（先方の都合でそういうケースもある）に新たな学びのチャンスを提供することにある。

秋セメスター

・礼状（手紙）を書く。
　依頼文と同様、礼状を書く際も形式に沿いつつも儀礼的な紋切り型の表現を避け、具体的、率直かつ心のこもった内容にするよう指導する。（調査が早めに終わった学生は秋を待たずに礼状を送る。）
・文献調査と発表を行う。
　調査後に行う文献調査は、調査前に行うそれとは異なる。ここでは調査結果を理解するうえで有益な文献資料を収集し、調査前と同様、最も参考になる図書1冊についてレジュメに基づいた発表をしてもらう。また質疑応答では教員を含めた全員が質問やコメントを行う。
・レポートの構成に沿った発表を行う。

　調査前に示した構成に従って学生が調査結果をレジュメにまとめ、発表を行い、レポート執筆上の不備を互いに確認し合う。特に原因と解決策につき、全員が知恵を出し合ってサポートし合う。
・レポートを執筆する。
　現地調査で獲得した1次データと文献調査で獲得した2次データを用いながら、レジュメに肉づけするかたちでレポートを書く。長さはA4サイズ用紙で10ページ前後。教員が原稿をチェックし、個別指導を通して訂正・修正箇所を指摘する。原稿は少なくとも3回は書き直す。
・レポートを報告書にまとめて出版する。

２．授業の結果（効果）

　以下、第1節で紹介した目標に照らしつつ授業の効果を検討する。主なデータは学生が執筆したレポートとそのレポートの最後に記されている感想であるが、筆者自身の観察や教室内外において学生と交わした会話なども参考にする。

（1）雇用・労働問題に関する意識・知識

　先ず、雇用・労働問題に関する意識や知識は確実に深まったと思われる。82名の学生の調査結果を時系列的に要約したリストをここに載せる（次頁の表を参照のこと）。このリストが示す通り、ほとんどの学生がサイトで何らかの雇用・労働問題を発見している。82名の内21名が勝手知る自分のアルバイト先で調査を行ったが、彼女・彼らも例外なく職場で新たな問題を見つけ、または気づいてはいたが深く考えていなかった問題を考察の対象としていた。「こんな問題があったなんて気づかなかった」、「これまで疑問に思っていたことの謎が解けた」というのが、"アルバイト組"から共通して寄せられた声である。そして、紙面の都合からリストにその内容を記していないが、学生は全員が原因分析と対策提案も行っており、その過程で問題への理解を深めていったのは確かである。さらに、直接的に雇用・労働問題を扱っていない学生であっても、学友による関連図書や調査結果の発表、及び質疑応答（全員が必ず質問かコメントを行う）を通し

表 サイトと問題のリスト

	サイト	問題・課題
1	ファミリーサポートセンター	・パートだけがお茶汲み ・"103万の壁"と出勤調整の困難
2	公立図書館	・登録しているだけで活動しない"名ばかり"ボランティア
3	生協のスーパー	・パートのストレス(仕事量が多い、家事負担が大きい)
4	コンビニ	・業務が多岐に渡る ・多忙(特に店内外を常に掃除)
5	インテリア店	・客への非言語コミュニケーションが良好
6	街づくりのNPO	・資金不足による支援の限界 ・住民へのアピール不足
7	適応指導教室	・利用者(児童・生徒)が少ない
8	居酒屋	・非正規のミスの多発 ・アルバイトの業務設定の不備
9	宅配ピザ店	・注文客のミスの多発 ・高校生バイトの"ドタキャン"と乱暴なバイク運転
10	ビデオレンタル店	・経営者の無計画な商品選び ・非正規の手荷物検査
11	服飾雑貨店	・正規の給与を非正規の時給に合わせる"均等待遇" ・不透明な昇進・昇格基準
12	自動車販売店	・販売ノルマによるストレス ・客への強引なセールス
13	大型スーパー	・正規の残業 ・ベテランパートが正規の指示を無視
14	居酒屋	・正規の不払い労働 ・辞めたい非正規を辞めさせない
15	生花店	・点検ミスの多発 ・重労働で腰を痛める女性が多い
16	旅行代理店	・残業 ・男性採用に消極的・苦情の多発
17	アパレル店	・非正規の土日出勤 ・自社製品の購入負担
18	スポーツクラブ	・男性の早期離職 ・結婚や出産による女性の離職
19	病院〈医療課〉	・正規の残業 ・待ち時間など苦情の多発
20	リサイクル店	・正規・非正規の不払い労働 ・非正規の昇給停止 ・客の万引きと非正規の内引き
21	大手アパレル店	・接客力や指導力のない店長 ・不適切な新人研修
22	家電量販店	・客が少ない(店の売上が悪いと契約社員が正規化せず) ・優良な保証サービスのアピール不足
23	ボーリング場	・従業員の教育・育成不足 ・平日客が少ない
24	公立図書館	・利用者のマナーが悪い ・検索端末機が使いにくい
25	都市型ホテル	・苦情への対応やイベントなどの広報が遅い ・企画部門の人手不足 ・客室清掃係の重労働
26	靴店	・個人売上競争のストレス ・店の売上の伸び悩み
27	自動車販売店	・長時間労働や販売ノルマによる若者の早期離職 ・女性活用不足による顧客獲得の限界
28	居酒屋	・正規・非正規の不払い労働 ・ベテランバイトが店長の指示を無視 ・男性客のセクハラ
29	生コン製造会社	・早出と残業 ・厳しい品質管理のストレス ・世代間コミュニケーションの不足

30	ドラッグストア	・"モンスター・カスタマー"が多い	・非正規の労働・休憩時間の調整が困難
31	教育研究所	・雇用が不安定で若者が早期離職　・正規・非正規の不払い労働　・学校との連携が不均衡	
32	市役所〈地域振興課〉	・震災による多忙と地域産業の不振　・頻繁な異動による熟練不足　・市民の不正申告	
33	公立図書館	・正規の多忙　・正規のミスによる利用者とのトラブル　・利用者のマナーが悪い	
34	公立図書館	・利用者のマナーが悪い　・嘱託の不払い労働　・10代の利用者が少ない	
35	ファミリーレストラン	・非正規の不払い労働　・非正規の労働時間削減　・店員の仲が悪い	
36	居酒屋	・非正規のミスの多発　・震災による売上減少	
37	ドラッグストア	・正規・非正規の長時間労働　・震災後の万引きの多発　・苦情の多発	
38	ドラッグストア	・地代による赤字経営　・不透明な昇給基準　・正規・非正規の不本意な異動	
39	服飾雑貨店	・正規・非正規の不払い労働　・仕事をさぼる非正規　・担当業務による仕事量の大きな不均等	
40	自動車販売店	・メカニックの人手不足によるミス　・子連れ客への配慮不足	
41	スポーツクラブ	・正規・非正規の不払い労働　・受付と水泳指導員の人員不足　・会員のマナーが悪い	
42	市役所〈市民課〉	・職員の熟練不足とストレス　・市民の理不尽な苦情	
43	アパレル店	・販売競争のストレス　・店長への業務集中　・商品案内の不足	
44	ファミリーレストラン	・料理提供が遅い　・売上の低迷と人件費削減への圧力	
45	大手アパレル店	・閑散期における客の苦情の多発　・早期離職者の急増	
46	JR東日本駅舎	・利用客の減少　・生活サービス事業のアピール不足	
47	民宿旅館	・繁閑差が激しい	
48	スポーツ用具店	・売上の低迷　・限られた客層	
49	市役所〈広報公聴課〉	・新鮮味のない市報　・若者に市の情報が伝わらない	
50	公立図書館	・利用者が少ない　・利用者のマナーが悪い　・施設と利用者のミスマッチ	
51	公立図書館	・若者の利用者が少ない　・利用者のマナーが悪い	
52	生協の移動店舗	・利用者が増えない　・売上が目標に達しない	
53	私立幼稚園	・正規教諭の長時間労働と早期離職　・障碍児への対応が困難	
54	旅行代理店	・多忙　・客や宅配業者の長い待ち時間　・店員の休憩室の不備　・子連れ客への配慮不足	
55	ファミリーレストラン	・アルバイトのマニュアル無視、無断欠勤、持ち場汚し　・食材の賞味期限の無視	
56	公立図書館	・中高生の利用者が少ない　・リピーターが増えない　・利用者のマナーが悪い	
57	市役所〈復興推進室〉	・多忙（2名で全復興業務を担う）　・交通が不便　・個人情報配慮の不足	
58	公立歴史館〈学芸課〉	・低い知名度　・学芸員の多忙　・常設展の不備　・進まない教育活動	

59	市役所〈観光課〉（祭の会場）	・まばらな観客	・準備・アピール不足	・会場の不備
60	公立公園〈管理事務所〉	・繁閑差が大きい	・巡視業務の多さと人員不足	・利用者のルール違反
61	村役場〈都市計画課〉	・屋外広報物法違反の多発	・乗合タクシーの低収益	・個人情報配慮の不足
62	楽器店（＞ライブ施設）	・定番以外の商品の放置	・不手際な接客	・音響担当者のスキル不足
63	農業協同組合	・人手不足	・業務遂行能力の差が大きい	・現場を知らず過度に利益を求める経営陣
64	公立図書館	・予算不足で施設の修理ができない	・利用者のマナーが悪い	
65	地域包括支援センター関連施設	・人手不足	・介護予防教室の参加者が少ない	・組織間の連携が未熟
66	大型銭湯	・店員の休憩・更衣室がない	・店員の教育不足	・傍若無人な客が多い ・非正規への差別待遇
67	村役場	・プライバシーのない相談スペース	・原子力理解度が低い住民	
68	少年サポートセンター	・面接相談者が少ない	・警察仕事体験イベントの参加者が少ない	
69	公営観光施設	・客の苦情、理不尽な要望	・予算不足で進む老朽化	
70	公立博物館	・予算不足で旧展示物がそのまま	・広間が暗い	
71	市役所〈観光課〉	・市内イベントの参加者が少ない	・偕楽園の観光客が少ない	
72	広告代理店	・繁閑差が大きい	・理不尽な客	・横暴な従業員
73	スーパー、コンビニ	・バイト研修の不備	・バイトの低賃金、仕事優先への圧力	・理不尽な客
74	公立図書館	・若者の利用者が少ない	・利用者のマナーが悪い	
75	動物愛護のNPO	・ボランティア不足	・保健所の犬猫が減らない	
76	海の教育のNPO	・夏の多忙	・教室の参加者が増えない	
77	公営文化センター	・若者利用者の減少	・予算不足によるイベント器材・設備の老朽化	
78	スポーツクラブ	・施設（不便な駐車場、暗い受付等）	・トレーナーの研修不足	・器具を独占する客
79	農業協同組合〈直売所〉	・事務員の多忙	・商品の説明ができない販売員	・全体として商売っ気がない
80	JR東日本駅舎	・利用者と利益の減少	・職員不足	
81	商工会議所（市街地活性化イベント）	・雨天時の参加者が少ない	・店舗所有者が無関心	・アピール不足
82	学校給食センター	・味付けの意見の対立	・異物混入の苦情に悩む	

注：12年間の履修登録者数は85名であるが、内3名が諸事情のためレポートを提出できなかったため、ここでは82名について記した。サイトは水戸市が多いが、県北から県南まで様々な市町村がカバーされている。また同一サイトを調査した者はいない。

て、今日的な雇用・労働問題の実態を学んだこともまた確かだといえる。

　ところで、「仕事の現場」を詳しく調査することで、学生は自分の将来について何らかのヒントを得たのだろうか。得たとしたら、それはどのようなヒントなのだろうか。

　この点についてはあまり確かなことはいえないが、少なくとも何らかの思考を促したとはいえそうだ。たとえば、就職先を意識して選んだサイトで調査を実施した学生19名の感想を辿ると、「実際に自分の足で現場へ赴き、自分の目で見て自分の耳で聴くことができたことは、私の目標達成への意欲に大きく結びついた」(7)、「この職場調査を通して、教育相談に携わる人たちの豊かな人間性を知ることができた。……そして、改めて自分の中で教師として生徒に教育の営みを教えたいという思いが強くなった」(31) などといった記述が目立つ。また逆に、特定の職業を目指していたものの、調査をきっかけに「私にとって働くとは一体どういうことなのか？　自分の得意なことは何なのか？　それは、どのような職業に活かせるのか？」と、自分の進路を改めて問い直す学生もいた (19)。感想として記さずとも、同様の再考を促された学生は他にも数名いた。

　また、必ずしも就職を考えている業界ではないが、何らかの興味（初歩的な問題意識を含む）からサイトを選んだ学生42名の間では、「人との出会い」(2)、「人と接すること」(12)、「人と人との繋がり」(63)、「人間関係」(29) の大切さを学んだという感想が多い。「実際に自らの目で見て、……人々に話を聞くこと」(43) の重要性や「問題を改善するためには行動すること」(47) の必要性を学んだ、といった感想も多い。加えて、サイトで知り合った先輩労働者から仕事の本質や生き方について教わったことを強調し、これに感謝する者もいた (5、12、40)。そして、以上のような学びを「将来の職場で活かしていきたい」という未来への"意欲"が記され、また語られることが常であった。

　この点で興味深いのは、アルバイト先で調査を行った学生21名につき、彼・彼女らの少なからぬ者が直ぐにでも現在の職場で改善を試みたいと明言し、かつそれを実行に移したことである。その内容は客入りを増やすために売場のレイアウトを変える (26) とか、客からの苦情を減らすために店内サービスのシステムを変える (44) とかといったものもあるが、不平等な時給を正すべく店長と

交渉し、部分的にではあるものの実現させた者もいた（20）。これらのケースは、質的調査が就職後の「将来」を待たず、正に"今、ここで"職場や働き方に変化をもたらす可能性を秘めていることを示唆している。

　何れにせよ、82名の学生のレポートをみると、問題の発生源を末端の労働者個人に帰すものはほとんど皆無で、経営、行政、ひいては社会全体のあり方を問うているのが通常である。従ってまた対策提案においても、「働きやすい環境」（35）をつくるために労働者自身がしうることだけでなく、経営・行政・社会がすべきことが検討されているのが通常である。このような視点が見失われない限り、将来の職場における変革の可能性が生き続けるのではないか。少なくともそう願いたい。

(2) 質的調査法の基礎

　次に、「質的調査法の基礎を身につけてもらう」という目標は、一部の例外（次節で取り上げる）を除いてほぼ達成されたように思う。インタビュー・観察・参与観察のスキルは、座学と予行練習に始まり、サイトへの通いを通して次第に上達していった。授業ではテープ起こしをしたインタビューの記録を含め、全てのフィールドノーツを提出してもらったが、これを追うと一般に時間の経過と共に技法に慣れてくることが理解される。しかし、そのためにもペダゴジーとしては最初——各技法の意味とその具体的な仕方を伝え、かつしっかりとした予行練習を行う——が肝心である。また、調査開始前に発表、質疑応答、及びディスカッションの時間をたっぷり取り、自己表現力を鍛えておくことも本番において非常に役立つというのが筆者の実感である。

　サイトと交信・交流するにあたって必要となるコミュニケーション能力の基礎については、手紙の書き方、電話のかけ方、挨拶の仕方などといった"社会人のマナー"が学べて良かったという感想がとりわけ多かったことを指摘せねばならない。もとよりこの授業は礼儀の講座ではなく、マナーはあくまで質的調査の必要要素として扱ってきたに過ぎないが、学生はより一般的に「将来」に役立つ知識として捉えたようだ。その直接の理由として、過去にフォーマルな通信文を書いた経験が一度もない学生がほとんどであったことや、アルバイト先においては

決まり文句の挨拶や電話応対に終始してきたことが挙げられる。希望した3つの
サイトの全てから調査を断られた（唯一の）学生（23）が、感想に「依頼文を
何枚も書き、電話を何回もかけた。そのため、これらにまつわるマナーは確実に
身についたと感じる」と記している。その他の学生がマナーを「確実に」身につ
けたかどうかは不明だが、少なくとも質的調査を円滑に進めるために最低限知っ
ておくべき基礎的なコミュニケーション能力は養えたと思う。

　さて、この授業でいう「質的調査法の基礎」には問題発見・原因分析・問題解
決の素養も含まれている。この側面に関しては、先に触れた通り、82名全員が
これらの課題をこなし、またレポートにあるそれらの内容をみても一定の質に達
していることから、ほぼ満足のいく結果が得られたと判断する。ちなみに、学生
からは次のような感想が寄せられている。「自分の知らない問題を発見できると
いうフィールドワークの面白さ」を「身をもって実感」した（27）、「インタ
ビューなどを通して沢山の問題が見えてきて、それをどのように解決したらいい
か考えるのが楽しくなった」(30)、「自分で考えることで成長しているな、と
思った」(37)、「問題を見つけ、解決策を考えていくのは難しかったが、その思
考のプロセスは非常に大切だと思った」(46)、「自分が疑問に思ったことは自ら
行動して解決していくことの大切さを学ぶことができた」(50) 等々。このよう
に他人任せにせず、自分の目で見、自分の頭で考えることの意義や面白さに気づ
いてくれたようだが、特に原因分析と対策提案にあたって有益だったこととして、
関連文献資料を参考にすること、教室で活発な発表や質疑応答を繰り返すこと
──これを通して他者の分析や解決案を知り、また他者からアイデアを募ったり
することで、自分のケースに活かしていった──、及び県外へ出て比較調査を行
うことを挙げておく。

（3）研究上の貢献

　最後に、研究上の貢献についてであるが、ここでは先のリストを基に調査結果
を簡単にまとめることでその証としたい（調査結果の詳しい検討は別の機会に譲
る）。多様なサイトにおける調査の結果から分かるのは、何よりも茨城県におい
ても近年の日本の職場に多くみられる諸問題が頻繁に生じているという事実であ

る。特に目立つのは人手不足、そこからしばしば生じる多忙（休憩時間を取るのもままならぬというケースが少なくない）や長時間労働、そしてそれに関連する不払い労働（特に残業）や苦情の多発である。労働者が蒙る不利益には、その他にも販売ノルマによるストレス（12、26、27、43）、不十分または不適切な教育研修を起因とするミス（8、16、21、23、37、73、78）、曖昧、恣意的、または周知されない昇進・昇格・昇給基準（11、28、38）などがある。こうした中、早期離職も生じている（18、27、31、45、53）。

　また、客・利用者のマナー違反やルールの無視、違法行為に頭を抱える労働者が多いことも伺える。筆者の授業では図書館を調査した学生が10名近くいたが、彼・彼女らが現場で必ずといってよいほど聞かされた問題の1つがこれである。具体的には、図書を乱暴に扱う、館内で騒ぐ、備品を盗む、職員に嫌がらせをするなどといった事象である。図書館だけではない。その他の施設や店舗でも、横暴な態度を取ったり理不尽な要求をしたり、時には暴れる客や利用者がいる（9、42、66、69、72、73、78）。働く人々は正当な理由による苦情の処理だけでなく、このような人たちの対応にも迫られていることが分かる。

　さらに、ジェンダーを巡る問題にも触れなければならない。女性だけがお茶汲みをするという問題（1）、結婚や出産で職場を離れざるをえない女性がいるという問題（18、53）、家事を負いながら長時間働き、女性がストレスを溜めるという問題（3）、女性の能力をないがしろにする問題（27）、女性へのセクハラの問題（28）——どれもどこかで聞いたことのある問題である。

　総じて、労働・社会運動の不在・不足による影響が茨城県においてもしっかりと刻印されているということだろうか。先ずは職場の調査を積み重ねることによって以上の事柄を明らかにした学生を筆者は評価したい。

3．労働社会学的な質的調査法を教える意義と課題

　我々が大学生に労働社会学的な質的調査法を伝授する今日的な意義とは何か。筆者の教育体験では、次のようなことがいえると思う。先ず、最も重要な意義は彼女・彼らに労働者が直面している諸問題をリアルに理解してもらえること、そ

してその体験が自身や他の労働者のための実践に結びつきうることである。大学の社会学的な質的調査法の授業の中でも現地調査を伴う授業では、調査結果を報告書にまとめ、受講生の感想を載せることが多いが、そこに必ずといってよいほど記されているのは、「発見」、「驚き」、「学び」の体験である（河口 2007; 関口 2006）。筆者の授業も例外ではなかった。近年の雇用・労働問題は量的なデータからも知ることができるし、そうしたデータはもちろん必要であり、有益に使うことが可能である。しかし、数値からこうした体験を得ることは困難である。ましてや、職場のために、そこで働く労働者のために、何らかの具体的な提案を行ったり、行動を起こしたりすることは不可能であろう。

　そして、もしそうであるなら、このような現地調査ならではの効果をもたらしてくれる観察・参与観察・インタビューといった質的調査の技法を伝授する意義もまた決して小さくないはずである。加えて、筆者の授業の受講生の間では"社会人のマナー"を学ぶことができて良かったという反応が予想以上に大きかった。学生が質的調査を通して学べることの中に"社会人のマナー"や"処世術"があることは既に指摘されている（佐藤 2007; 鈴木 2007）。マナーが他者の人格を尊重しつつ円滑に意思疎通を図る1つの手段であるとするならば、その学習は労働者同士の意思疎通を図るうえでも役立つはずである。

　それだけではない。労働社会学的な質的調査法の授業は、学生に雇用・労働問題を巡る情報交換の場を提供しうる。筆者の授業では各自が異なるサイトへ赴いたため、そしてサイトの現状を口頭で発表し、それに対して自分の体験を交えてああでもないこうでもないと互いに意見を述べ合ったため、気がつくと教室が職場やそこでの諸問題に関する情報交換の場と化していた。そこはまるで社会運動論でいう"セイフ・ヘブン"（運動の仲間同士が安心して過ごせる空間）の如くであった。付言すれば、筆者もまたそうした情報交換のプロセスに参加することによって、"同じ労働者同士"（先輩と後輩？）という学生との新たな関係性を獲得することができたように思う。若者のコミュニケーション能力の低下が嘆かれるようになって久しいが、このような場でこそ、自己表現の芽が育まれるのではないか。実際、受講生の多くが、たとえば「見て、聴いて、感じたことを人に伝える」能力が「鍛え」られた（16）とか、「自分の考え」や「意見」を皆にうま

く伝える」ができるようになった（14、20、21）といった感想を漏らしている。

最後に、労働社会学的な質的調査法の授業は、学生に対して学友や教員のみならず調査先の先輩労働者も巻き込みながら自己のプロジェクトを完成させていくプロセスを体験する機会を与えうる。受講生の感想をみると、調査前は（依頼文を書く、交渉の電話をかける、インタビューを行うなど）初めての作業ばかりで緊張と不安を強いられたが、蓋を開けてみるとサイトの人々が非常に「親切」な「よい方々」で、協力者あっての調査であった旨、ほとんど例外なく認識していることがわかる。働くとはどういうことか、時に人生をどう生きるべきかを、そうした先輩たちから学べる意義は小さくないだろう。

本稿を締めくくるにあたり、簡単にではあるが、課題について触れたい。1つは、例外的にではあったが（85名中3名）、筆者の授業あるいはフィールドワークを貫徹することができなかった学生がいた点についてである。内1名は家庭の事情で退学したため、他の1名は学習意欲の不足（始めから欠席を繰り返した）によるためだったが、残りの1名は発達障害のため、調査を順調に進めることができなかった。何らかの障碍をもつためフィールドワークがままならぬ学生は、偏差値と関わりなく存在するはずである。特に他者と意思疎通を行うことが非常に困難な学生については、インタビューや参与観察といった技法ではなく、たとえば映像データやドキュメントの分析など、他の質的調査の技法を学んでもらうことで対処すべきかもしれない。今後こうしたケースにどう対応していくか、検討する必要があるように思われる。

もう1つは、このことも含め、本稿で紹介した調査法はあくまで大学生に労働社会学的な質的調査法を伝授する1つのやり方に過ぎない。これ以外にも様々な試みを展開している授業、そこから学生に筆者の授業では不可能だった効果をもたらしている授業があろうし、あるべきである。たとえば、労働組合、労働運動、生活関連の組合や運動、社会的企業などをサイトとしてフィールドワークを行うことも、大学生の労働社会学的な学びに寄与するはずである。このような授業を実践し、その体験を教員間で共有し、互いのペダゴジーを磨いていくこともまた、今必要とされているのではないだろうか。

〔注〕

1　この科目は社会調査士認定機構の発足に伴い、途中から社会調査士標準カリキュラムＧ科目（「社会調査を実際に経験し学習する科目」）の認定を受けたが、調査法や指導内容は変わっていない。
2　自ら選んだサイトで通いの質的調査を行い、何らかの問題・課題を見つけて原因を分析し、対策を提案・示唆するという調査のあり方は、筆者が米国の大学院の博士課程で学んだものであるが、日米を問わず、研究者の間ではけっして珍しい実践ではないと認識している。

〔引用文献〕

後藤範章（2005）「集合的写真観測法に基づく教育実践」『社会情報』15-1。
原田勝弘他（編著）（2007）『社会調査論：フィールドワークの方法』学文社。
長谷川美貴（2010）「大学における質的調査法の授業の現状と課題：社会学系の実習・演習科目を中心に」『人間科学』27-2。
井上芳保（2005）「質的調査に関わる教育課題とは何だろうか：他者の〈痛み〉への感受性をめぐって」『社会情報』14-2。
河口充勇（2007）「フィールドワークの教育効果」『同志社社会学研究』10。
河西宏祐（2003）『日本の労働社会学』早稲田大学出版部。
北澤毅、古賀正義編（2008）『質的調査法を学ぶ人のために』世界思想社。
日本労働社会学会（1999）「特集Ⅱ 日本労働社会学会の10年」『日本労働社会学会年報第10号：国境を越える労働社会』日本労働社会学会。
───（2000）「特集 フィールド調査"職人芸"の伝承」『日本労働社会学会年報第11号：フィールド調査"職人芸"の伝承』日本労働社会学会。
───（2001）「特集2　フィールド調査"職人芸"の伝承（第2部）」『日本労働社会学会年報第12号：ゆらぎのなかの日本型経営・労使関係』日本労働社会学会。
西村めぐみ（2005）「社会科学における質的調査法・量的調査法と混合手法」『立命館法学』6。
西澤晃彦（2007）「社会調査法（2）質的調査法」『よくわかる社会学』ミネルヴァ書房。
小野能文（2006）「社会調査士教育の実践」『現代社会学』7。
大谷信介他（編著）（2007）『社会調査へのアプローチ理論と方法』ミネルヴァ書房。
佐藤郁哉（2007）「フィールドワークを意義あるものにするには」『経済セミナー：特集　経済は現場で動いている！』629。
澤村信英（2007）「教育開発研究における質的調査法：フィールドワークを通した現実への接近」『国際教育強力論集』10-3。
関口靖之（2006）「地理歴史科・社会科授業とフィールドワーク」『日本文化史研究』37。
白谷秀一、朴相権（2007）『実践はじめての社会調査：テーマ選びから報告まで』自治体研究社。
鈴木章生（2007）「大学教育におけるフィールドワーク実践の意義」『人と教育』1。

多賀太（2007）「大学における社会調査教育の効果と課題：社会調査実習演習における実践を事例として」『久留米大学文学部紀要：情報社会学編』3。

辻勝次（2001）「職業としての労働調査者を志す人に」『日本労働社会学会年報第12号：ゆらぎのなかの日本型経営・労使関係』日本労働社会学会。

山中速（2001）「フィールドワーク教育をめぐる動向と課題：技法教育へのマルチメディア利用に向けて」『中央大学文学部紀要』188。

「社会調査実習（フィールドワーク）」の報告書：

長谷川美貴（編）2007『2006年度　フィールドワーク報告書　第22集 Part 3 "仕事" の現場―見る、聴く、交わる』常磐大学人間科学部現代社会学科。

―――（編）2008『2007年度　フィールドワーク報告書　第23集 Part 3 "仕事" の現場―見る、聴く、交わる』常磐大学人間科学部現代社会学科。

―――（監修）、柳橋恵・川上りえ（編著）2009『2008年度　フィールドワーク報告書　第24集 Part 4　茨城県における "仕事の現場"：6つの事業所にみる現状と課題』常磐大学人間科学部現代社会学科。

―――（編）2010『2009年度　フィールドワーク報告書　第25集 Part 4　茨城県における "仕事の現場"：3つの事業所にみる現状と課題』常磐大学人間科学部現代社会学科。

―――（編）2011『2010年度　フィールドワーク報告書　第26集 Part 4　茨城県における "仕事の現場"：12の事業所にみる現状と課題』常磐大学人間科学部現代社会学科。

―――（編）2012『2011年度　フィールドワーク報告書　第27集 Part 4　茨城県における "仕事の現場"：自治体と民間事業所の現状と課題』常磐大学人間科学部現代社会学科。

―――（編）2013『2012年度　フィールドワーク報告書　第28集 Part 4　茨城県におけるサービス業の現状と課題：8事業所の事例から』常磐大学人間科学部現代社会学科。

―――（編）2014『2013年度　フィールドワーク報告書　第29集 Part 3　茨城県における「職場」の現状と課題：7つの事例から』常磐大学人間科学部現代社会学科。

―――（編）2015『2014年度　フィールドワーク報告書　第30集 Part 3　茨城県における「職場」の現状と課題：7つの事例から』常磐大学人間科学部現代社会学科。

―――（編）2016『2015年度　社会調査実習（フィールドワーク）報告書　第31集 茨城県におけ「職場」の現状と課題：8つの事例から』常磐大学人間科学部現代社会学科。

―――（編）2017『2016年度　社会調査実習（フィールドワーク）報告書　第32集【長谷川班】茨城県における「職場」の現状と課題：4つの事例』常磐大学人間科学部現代社会学科。

―――（編）2018『2017年度　長谷川美貴ゼミナール【フィールドワーク】調査報告書　茨城県における「職場」の現状と課題：8つの事例』常磐大学人間科学部現代社会学科。

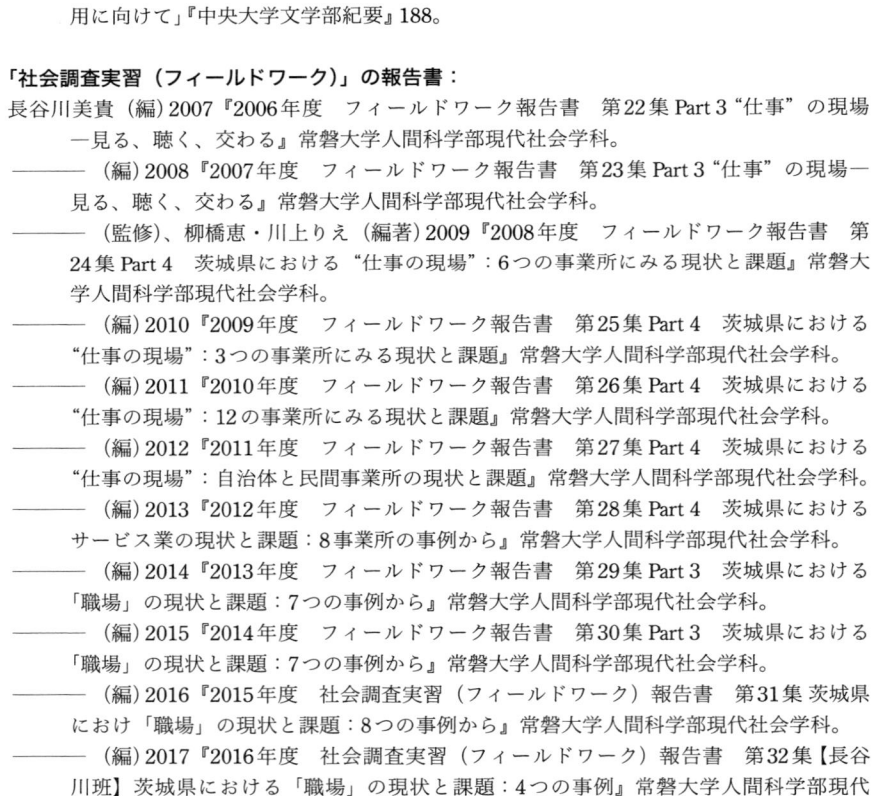

書　評

日本労働社会学会年報第30号〔2019年〕

石井まこと・宮本みち子・阿部誠編

『地方に生きる若者たち
―― インタビューからみえてくる仕事・結婚・暮らしの未来 ―― 』

（旬報社、2017年、A5版、323頁、定価1,800円＋税）

坂岡　庸子
（久留米大学名誉教授）

本書は、二つの研究プロジェクト（Ⅰ木本喜美子代表「地域における若者育成及び家族形成〈家族・仕事・結婚支援に関する調査〉」Ⅱ阿部誠代表「地方専門高校卒者のキャリア調査」）が共同して、2008年から2016年間の長期にわたり、東北・九州各2県（岩手県・宮崎県1年間、大分県2年間、山形県3年間）、延べ132名（内68人再調査）に科研助成金を受けて実施したインタビュー調査研究の成果をまとめたものである。本書の特性は、何でもありの時代を理解・解明する優れた学術書である上に、この困難な時代を生き延びるために必要な、視角が持ち寄られている。各章の表記は、研究者の個性にあふれ、その結論は各自の専門性が発揮されている。各研究者が共有しているグランドは、タイトル通りのインタビュー調査法である。**序章『地方に生きる若者へのインタビューが映し出すもの』石井まこと（社会政策・労使関係）**の要約を借用し、新しい試みである本書の全体的な紹介を行う。インタビュー対象者は、地方に生きる若者たちに絞られている。最初の問いかけである若者＝都市、高齢者＝地方というイメージの修正を図り、我が国の若者世代の貧困と、未婚による過疎化、集落の消滅、少子化による『地方消滅』という現在進行形の課題の解決策を模索したものである。

高度経済成長期は、右肩上がりの経済生活で、国民は、今日よりも明日、明日よりもあさってと豊かになり、気づいたら、高学歴社会で都市に出て行った若者は地方に帰らず、その親世代も、民法改正で、相続は均分相続となり、更には農業の衰退化と都市化の中で、田畑の現金化が容易になり、長男夫婦は帰郷すべきという規範は、生産手段の確保面からも絵空事となった。研究者や為政者が過去の資料の積み重ねから、理論的に整合性の高い素晴らしい調査票を作成しても、

餓死しなければ良いと言う生活意識（＝**生存のためのライフコース**）が、自己実現のために生きる生きがいを必要とする社会（＝**従業員としてのライフコースから個人としてのライフコース・中澤・コラム④157頁**）になれば、社会は激変するという事を、日本人の誰一人予知できず、益田レポートで気づいた時は、既に危機は日本社会に内在化されて、従来の社会変動のスパン、程度、質が、悉く異化・無化され、21世紀の日本を社会学する手法としては、不適切となった。

　この新しい現象を把握するため、まず当事者の一人一人が、今現在の生活をどのように捉えているのか、その事についてどのような評価をしているのか、家族や親族関係、近隣、職場など、様々な場面や関係性の中で抱く、考えや疑問、好悪の気持ちなどを、丹念に丁寧にできる限り緻密に聞いていくインタビューがなされた。今までの常識を悉く否定する社会的現実が発生すれば、新しいタイプの社会的現実を体現している当事者から、ざっくばらんに話を聴く事が、対策の手がかりを掴む最適かつ最も有効な調査法である。また、同じことをしているように見える人たちも、話し込めば、その動機や評価は人さまざまだという事がわかる。分析方法自体が、問題発見型の質問になっていなければ、仮説と称する結論を導くだけの質問内容の結果では、正確な現状認識はできても、その存在だけを認知したという想定外の社会現象を、分析、解明した事にはならない。

　この新型タイプの調査も、インタビュー調査となると、結果をどのように解釈・評価するかは、判断に悩む難しい局面があるが、回答者個々人の多様性を判断するには、幸いにも多岐にわたる専門分野の研究者が参加している。研究者の面々が、多様な見解を受容・変容させていくダイナミックな協同討議の場や時間も確保されたと思われる。「時代に伴走しながら社会学をする著書」と評価している。以下、目次の順に、各章の著者によるサマリーを参考に要約し、余白があれば、感想を述べる。

第1章 『「地方消滅」は、若者の生活をどう変えたのか』　石井まこと

　近年の若者の地元志向の強まり要因を、インタビューから把握した若者の意思決定と、各種国家統計や地域経済史の変遷から分析。親と同居した働く子の安い家賃で親子の生活が自足し、子の生殖家族への展望（結婚・出産・子育て）を死

角化する社会的拘束力（労働・家族・地域コミュニティの変容）の分析は鋭い。対策は、終章を参照だが、行動次元での示唆も欲しかった。

第2章『若者の自立に向けて家族を問い直す』宮本みち子（若者の社会学・家族社会学）

歴史に産業化を刻んだ北西欧の若者は、義務教育終了後進学と同時に離家（青年期）し、就職で成人期に達する。後発国の南欧の若者の離家は、親の経済力次第で、青年期、成人期に達しても、親との同居や援助を受ける。日本のポスト青年期を挟む移行は、北西欧型と南欧型が混在して複雑化している。自助と移行期政策の選択に迷う期間に発生するリスク世帯への対応が、課題。

第3章『地方圏の若者はどのようなキャリアを歩んでいるのか』阿部誠（社会政策・労働経済論）

90年代以降、日本経済は成長から成熟に移行し、雇用情勢が厳しくなる中で、学校教育にはない即戦力を要求されてとまどう新卒入職者のキャリア形成の困難さが、ニート・フリーター問題として社会問題となる。雇用状況に恵まれない地方圏に暮らす若者のキャリア形成を支援する課題と支援策についてインタビュー調査から探究した。

第3章補論『自営業という選択に立ちはだかるもの』宮下さおり（労働社会学・ジェンダー研究）

地方圏の岩手・山形・大分・宮崎は自営業主・家族従業者の占める比率が高い。承継をめぐる親子の意識と行動の分析、夫婦単独自営業に妻が自営業、夫が勤め人型出現。夫婦協業では、家事育児も共同分担する。自営業＝家制度のイメージが解体しつつあり、雇用者よりも男女共同参画型家族が出現しやすい。

第4章『若者が地方公共セクターで働く意味』中澤高志（経済地理学・都市地理学）

ワーキングプアーとも言われる地方公共セクター非正規労働者の生活に抗して、ギブソン＝グラハムの多様な経済（贈与、物々交換、非市場的経済、国家の再分配、自給、ボランティア、家事労働、狩猟採集、窃盗、密漁、奴隷労働、賄賂）を契機として、市場経済を凌ぐコミュニティ経済を育てる事により、漸進的な資本主義のシステム変革の可能性を指摘し、その実践を提案する。

第5章『仕事と結婚をめぐる若者たちの模索』木本喜美子（労働と家族の社会

学・ジェンダー論・女性労働研究）

　団塊世代でピークに達した皆婚社会は、女性の幸せは、結婚して専業主婦になり夫の扶養家族として出産・育児を行い、夫が企業戦士として働けるように、食事から始まる身の回りの世話を万事怠りなくする事と法的措置も含めて決定されていた。このほころびは、地方自営業者の「結婚離れ」と「婿取り」の困難さをもたらした。

第5章補論『結婚支援がもたらす成果とは』板本洋子（NPO法人全国地域結婚支援センター代表2012〜）

　著者は、東京都23区区役所に設置されていた結婚相談窓口（1934年未婚都市青年対象に開設：96年閉所）は、80年から一民間企業組織財団法人日本青年館結婚相談所所長としてかかわり、農村の未婚問題に後継ぎ問題・少子化対策の変遷を描き、個々人の人生の幸福追求の結婚に至る支援のあり方を提言。

第6章『学校社会は地方と向き合っているのか』長須正明（教育社会学・教育実践論・キャリア教育・教育福祉論）

　学校から社会への若者の移行は、戦前の調教ではなく知性を拠り所に教育する教員の進路指導によっていたが、90年代以降生徒個人の生き方・在り方選択としてのキャリア教育に変質した。成長過程に在る者への教育という視点は弱くなり、自立と結果に対する自己責任が生徒に押し付けられた。ニート、フリーターが社会問題になる所以。4県の県内高卒後分化率（進路；大学等、専門学校、就職）出身県外居住者の出身市町村を離れた理由等のデータあり。

第7章『社会教育の変容が若者たちにもたらしたもの』上野景三（社会教育学・生涯学習論）

　近世は、若者組、戦前は1915年青年団、47年新制中学が義務化され、49年社会教育法が制定され、公民館が設置された。現在の若者は、自治的・社会的集団の近世の若者とは異なり、教育の対象としての青年から次の社会人＝若者になるために、困難や課題を抱えて、グラデーションの世界を彷徨う移行期を通過する。この時代の支え人は、親や親族、教師も必要だが、等身大の鑑になってくれる、地元の学校時代の友人や部活の仲間である。培った経験と時空間を共有していたというかけがえのない存在感が、自立に向けた脱皮へとチャレンジする勇気を与える。

終章　『若者が地方圏で働き暮らしてゆくために』阿部誠

　地方圏の若者のキャリアに関する特性は、良好な雇用機会が少なく、都市に比べて業種は限られ、採用人数も少ない。公共セクター（公務・医療・介護・保育・郵政）では、有休や社会保険などがあるため、相対的な満足感は高くなるが、親子ともども月収が手取り15万の最低賃金の水準であれば、結婚などの次のステップに踏み出す余裕はない。また、就労に向けた「自立」過程は、個々人の多様性が一番現れる場面である。キャリア教育が、人によっては、実現しない夢を追い求め、自己評価が低くなり、やる気を失わせてニート生活に追いやるだけの効果しかないケースもある。若者の状況を正確に把握して、成果主義に偏らない事である。抜本的な施策として新たな産業や職業の開拓：コミュニティワークの模索、職場環境の改善：ディーセント・ワークの法制化、職業経験のない20歳未満の失業保険給付等総合的なセーフティ・ネットワークの形成が望まれる。

『あとがき』宮本みち子

　失われた20年、地方圏の若者たちの語りは、仕事と暮らし面での都市格差を際立たせた。格差原因は、生産も消費も、親族や家族の協力の下で生きてきた一家総出の家族労働で達成できる地方の経済合理性が、雇用者型ライフスタイルが基準となる各種社会政策や社会保障制度になじまず、適否の検討が望まれる。

　以上、全ての章の要約を終えて、宮本みち子の指摘にある雇用者型ライフスタイル＝日本型経営の破綻が始まった結果もたらされた『労働組合に未来はあるか』（年報1998）を思い出した。筆者は、将来に向けた我が国の労働経済問題の抜本的な対策として、4章──中澤のコミュニティ経済は、家族と親族による経済とも接合する検討に値する提言と評価している。その可能性への手がかりは、イヴァン・イリイチ著、渡辺京二・渡辺梨佐訳『コンヴィヴィアリティのための道具』（日本エディタースクール出版部1989）は、参考になるのではないか？テクノロジーを人はどこまで使いこなせるのか。使いこなすためには、どのような集団・組織を形成すべきか？AI時代を見据える労働論というか、人間の発達論、社会化論、教育論全てが、問われている。その意味では、このような調査方法や研究者集団、組織化の体験こそが、新たな知の再生につながるのではと、期待しています。

—— 日本労働社会学会年報第30号〔2019年〕 ——

今道幸夫著
『ファーウェイの技術と経営』
（白桃書房、2017年、A5判、258頁、定価3,300円＋税）

石井　まこと
（大分大学）

1．本書の目的

　本書出版の2017年10月、中国大手通信メーカー、ファーウェイの日本での知名度はそれほど高くはなかった。多くの人が知るところになったのは、米国がカナダでファーウェイ幹部を逮捕したことによる。実は2012年から米国議会の報告書によって、安全保障面で問題があると指摘され、米国の通信機器市場からは排除されていた。ところが、その後、幹部は釈放され、2019年6月にはファーウェイへの経済制裁は緩和されている。

　このファーウェイとはどのような企業なのか。なぜ急速に成長していき、なぜこのように米国から目を付けられているのか。そこには、どのような人事労務や労使関係が成立しているのか。その答えを導いてくれる文献が本書である。

　本書序章で紹介されるように、2013年には交換機やルーター等の通信設備機器で、世界第1位の売上を達成している。また、携帯端末でもサムスンやアップルに匹敵するメーカーである。ファーウェイが創業したのは1987年とまだ30年程度しか経たない。しかし、この時期は「通信がアナログからデジタルに本格的に転換する時期」であり、この技術の転換期が「ファーウェイの成長と大きな関係があった」（p.19）としている。しかしながら、この技術の転換期に市場を席捲する技術が提供できたのはなぜか。本書はその経営手法を明らかにするのが目的である。

　中国のみならず、世界的にも巨大企業かつIT産業という他方面に影響力をもつファーウェイについての先行研究は、中国本土においては多数の出版物がある

とされる。しかし、ファーウェイの経営を社会科学的に分析することはなされておらず、日本でも同企業の研究はわずかしかないと著者は述べる。そのなかで本書に先行する研究として東大社研の丸川（2002）の研究を紹介する。丸川は優秀な人材の確保がファーウェイの成長を説明するとしたが、今道は技術要因を加味して分析を進める点が欠けていると指摘している。そのため技術と経営に注目したのである。ただし、技術決定論に陥らないように、「『経営者（経営主体）の行動』を技術よりも上位において分析を進める」(p.5) としている。

2．構成（1）──前半：ファーウェイを取り巻く経営環境と発展史

　では構成をみていこう。本書は8つの章からなる。前半戦の第3章までは企業の発展史になっている。

　序章は上述した課題、視点等が述べられる。続く第1章「通信機器市場の変化──垂直統合から水平分業へ──」では、通信機器産業の変化のなかでの企業行動について分析している。1980年代以前の情報通信産業は垂直構造であり各国の大規模通信事業者が市場を支配していたが、通信の自由化、通信技術のデジタル化、インターネットの普及で一気に産業構造は変化した。まさに、この時期にファーウェイが誕生したのは、こうした変化＝「地殻変動」(p.34) がファーウェイの存在を可能にしたとしている。同様に発展した新興企業である米国のシスコは、デジタル技術の発展を見通し、必要な企業買収を成功させた。一方、伝統企業であるアルカテル・ルーセントは、「自社が築いてきた伝統技術（回線交換方式）に固執して、新しい技術（パケット交換方式）に組織的に対応できなかった」(p.29)。

　第2章「通信技術の変化──アナログからデジタルへ──」では、デジタル技術への転換の影響について検討している。通信を介する交換機というハードウェア製造からソフトウエア生産が生産活動の中心になった。ここにファーウェイのような新興企業が成長できる可能性が生まれる。また、ソフトウエア生産は工場生産とは異なり、開発者、保守や検査を行う人材の役割が大きい。さらに、開発者が使用者（消費者）の要望を的確に把握するために、使用者とは直接に頻繁に交

流する必要があり、ファーウェイはこれを徹底したことが述べられる。

　第3章「ファーウェイの発展史──輸入代理店から多国籍企業へ──」では、ファーウェイの発展を創業期（1987〜93年）、確立期（1994〜97年）、飛躍期（1998〜2003年）、拡張期（2004年〜）の4期に分けて説明している。

　創業期は、創業者である任正非ら6人の共同出資によって、資本金2万1000元（約31万円）、従業員は14名で深圳に設立した。当初は脂肪低減薬や墓石等の商品販売会社であったが、1988年に構内用交換機の輸入販売、翌年1989年には販売からメーカーへ転換し、情報機器産業に偶然に参入する。当時は研究者自らが農村部に入り、地方政府と交渉して良好な関係を作る営業活動で販路を広げ、その後、自主開発を目指して、大学からの人材誘致を行い、売上を急速に伸ばした。特筆すべきは、開発人材の獲得方法である。修士クラスでも学長以上の賃金とし、学歴ではなく実力による昇進制をとり、労働時間は完全な裁量制とした。さらに、従業員のモチベーションを高めたのが製造、販売、開発の区別が薄く、一体感のある仕事を作り出し、これが創造的なソフトウエア生産に適した環境となった。

　続く確立期には局用デジタル交換機の開発に挑戦し、成功する。中央研究所が設立され、「ファーウェイ基本法」（付録に邦訳あり）という経営方針を作成し、若手経営者の登用を実施する。こうした点から、今道はファーウェイをシュンペーターの言う「企業家精神」を持つ集団として説明している。成長の一方で、賃金の遅配も頻繁であり、従業員間では経営に不安があるなかでも辞めなかった、苦楽をともにした人材の存在がファーウェイの人的資源となっていることが分かる。

　飛躍期は交換機に加えて、ルーター市場へ参入し、多角化を進める。携帯端末もこの時期に事業が立ち上げられる。この時期、2つの制度改革が進む。1つは企業体制改革としてIBMから製・販融合型研究開発体制（IPD体制）のために1000万ドルの指導料を支払ったこと、2つには、従業員持株制度を改革し、「ファントム・ストック」とする疑似株式を使って動機付けを行ったことである。この間、ルーター市場では先行するアメリカのシスコにキャッチアップした。しかし2003年にシスコに知的財産権侵害で訴えられ、それ以降のアメリカ市場参入のブレーキになる。最後の拡張期は、先進国市場への進出拡大と携帯端末機市

場への進出を果たしている。

3．構成（2）──後半：ファーウェイの経営体制・人事の独自性

　続く第4章以降の後半では、経営や人事の独自性について分析が進む。

　第4章「製・販融合型研究開発体制の確立」では、IPD体制が確立するまでの組織変遷とその重要性が述べられる。さらにIPD体制を支える報酬制度である「能力主義的報酬制度」が紹介される。半年ごとの査定は5段階評価であり、昇給ピッチは大きく、職能制でジョブ・ローテーションが実施され、仕事内容は変わり、職位の上下もある一方で、賃金は安定している。こうした報酬制度に、従業員の多くが参加する従業員持株制度が加わる。持株制度の役割は当初は資本蓄積、次いで利益還元、最後は成果給と機能を変えている。今後、通信機器産業が本格的な調整期に入れば、持株制度はマイナスの効果を生む懸念があることを今道は指摘している。もう1点特筆すべき傾向として、2000年以降、ファーウェイは突出した数の特許の取得である。民間企業にとって、特許はブランドであり、さらに海外市場競争において優位に作用し、他の中国企業とは異なる行動をとってきたことに注目している。

　第5章「経営理念と人事労務管理」では、1998年に公表された経営指針「ファーウェイ基本法」に書かれている自主技術の形成、「奮闘者」という従業員観、成果主義的な報酬制度に着目し、これらが戦略的人的資源管理と関係が深いと分析した。60年代にアメリカで開発された人的資源管理は、多品種少量生産、市場競争激化、ホワイトカラー化といった急激な変化に対応する労務管理として広がった。ファーウェイは、さらに発展した戦略的人的資源管理になっているとし、労働組合不在型の労務管理について検討している。今後、ヨーロッパやアメリカ市場に販路を伸ばすためには、「労働組合が存在する労使関係」を想定した人事労務の見直しが出てくることを指摘している。また、「ドラッカー経営学」の視点から、1996年に1000名、2007年に7000名の2回も「集団辞職」が起きている点を挙げ、雇用の維持は蔑ろにされており、ファーウェイの経営は「ドラッカー経営学」とは異なるとしている。

第6章「中国通信機器産業の確立」では、ファーウェイがなぜひとり中国通信機器産業で急成長を成し遂げているのかについて、他の地場企業4社（金鵬、巨龍、大唐、ZTE）の技術と経営を比較している。通信機器産業では、主要5社のうち後発で小規模なファーウェイとZTEという2社が生き残り、巨大国有企業が没落していく結果になった。今道は特に「自律的経営」が行えたかどうかを鍵として指摘する。ソフトウエア技術に適合した研究開発体制を自由に選択できたこと、つまり「旧体制の遺物がない状態で白紙の自由に研究開発体制を形成できる」(p.193) 企業が存続できたというのである。

終章においては、各章のまとめをふまえて、「産業技術の転換と革新的人事労務管理の結びつき」(p.211) が確認できたとする。ファーウェイの戦略的人的資源管理は個別管理を志向し、「組合不在型労使関係」と親和的であり、ソフトウエア技術者の管理に成功した。しかし成長には限界があるなかで、今後は一般従業員の動向が重要であり、成長の限界のなかで、ファーウェイの経営と従業員がいかなる労使関係を形成するのか、今後も目が離せないとしている。

４．評価点と論点

現在、米中関係において、ファーウェイ社は国際政治の分野においても関心が高まっている。本書の出版は2017年であり、資料は2016年以前のもので執筆されている。本文13ページ脚注8に当時はCiNiiにおいて19件しか論文検索でヒットしなかったとある。しかし、3年半後の現在（2019年9月13日）では142件とこの間急速に関心が高まっている。

まず本書の第一に特筆すべきは、今道の語学力である。外国企業の研究において障害になるのは語学力の問題であり、「あとがき」にあるように52歳からの研究活動という後発組であるが、ファーウェイ研究に貢献した。特にさりげなく付記されている巻末のファーウェイ基本法の邦訳は高い資料価値がある。

第二に評価すべきは、タイトルにもあるようにファーウェイを創業から発展まで首尾一貫して技術と経営の関係性を明示して描いた点である。中国通信機器産業の発展は同時に米、日、欧の通信機器産業構造を変化させた。その過程の記述

を、変化の渦の中心にいかなる動機と基盤があったのかを定点観察して行ったのである。その成長の理由は、通信技術の転換期に、最も迅速かつ顧客ニーズに合うソフトウエア技術を提供した結果である。象対アリとでもいうべき国家的支援企業との競争ですら、ファーウェイに軍配があがった。当該産業においては、技術を花開かせるためには自律的経営は欠かせないことを明らかにした。

　第三の評価点は、労使関係を軸にした分析により、「戦略的人的資源管理」を「組合不在型労使関係」として、その強みと弱みを明示したことにある。創業者と若手技術者の信頼関係には、重要性と不安定性があること（第3章）、従業員持株制による動機付けがある一方、会社が傾けば逆効果を及ぼすこと（第4章）、2回の「集団辞職」があり、「雇用の維持」が必ずしも守られていないこと（第5章）が挙げられ、労使関係の不安定要因を抱えながらも企業成長していることが明らかになった。

　以上、この研究は中国情報機器産業の非常に貴重な研究として評価できる。一方、本書の課題および今後の期待を述べておく。

　第一に、先行研究の整理についてである。今道はファーウェイに関する日本の先行研究は少ないとし、東大社研の丸川（2002）を主要な先行研究とした。しかし、当該研究はファーウェイ社を丸川が訪問した企業レポートとしてウエッブ上に公開されているものである。その後、丸川（2004）で書籍化されている。本書において丸川が「優秀な人材を大量に組織した」（p.5）としたとする箇所は丸川（2002）にも丸川（2004）にも見つけられず、丸川（2002, 2004）には「人材を集める上で他の企業より優れていた」もしくは「優れた人材をいかに多く集めることができるかが勝負である」としか書かれていない。さらに、深圳に立地したことを丸川（2002, 2004）では人材獲得の重要な要因として挙げているのだが、本書では触れられていない。また、ファーウェイの研究については、CiNiiで検索すると、夏目・陸（2015）をはじめ、多数の学術論文が存在していることが分かる。このうち、夏目・陸（2015）の先行研究紹介をみると、ファーウェイについて丸川・中川（2008）や天野・大野（2007）、今井（2004）は重要な参考文献として挙げられる。特に丸川・中川（2008）では、ファーウェイが国際化していくのは「後進市場の開拓」とし、中国という低所得市場で開発した

技術で発展させたとしている（夏目・陸 2015）。このことに対して、本書では議論されていない。先行研究の整理はもう少し慎重にして欲しいところである。

　第二に、先行研究の活用方法についてである。戦略的人的資源管理論をファーウェイにあてはめて、それが成立することを説明し、この管理方法が「グローバル企業への重要な礎」（p.157）であること、かつ、技術・市場・仕事の変化に最も適合的な管理方法が、この戦略的人的資源管理だとする。これらを証明するために管理者たちのコメント、IPD体制、高い報酬や高い昇給、従業員持株制度などを使って、組合不在型労使関係が確立しているとしている。しかし、そもそも中国における労働組合（工会）は労働組合として機能する余地はあるのだろうか。中国において、組合の有無で労務管理を見ることには注意が必要である。さらに、ジャコービィーの「ウエルフェア・キャピタリズム」による個別管理の実践、「ドラッカーの経営学」と「ファーウェイ基本法」の対称関係についても、両者の異同の分析がなされているが、中国の民間企業について、政治・国家体制との関係を抜きにした解釈は慎重にすべきではないだろうか。

　最後に、ファーウェイ従業員の職種構成や性別構成についてである。ファーウェイは、中国のなかでも成果主義が極めて強い企業であり、優秀な人材を大学とのネットワークで大量に採用し続けている。この間、中国は大卒の供給が急速に増加した。特に大卒女子も大卒者の半数を占めるとされる。改革開放政策以降、労働市場の自由化が進み、厳しい競争で、ケア負担を担う女性は家庭や自営へと追いやられ就業率は低くなっている。このなかで、「奮闘者」集団であるファーウェイは優秀な女性技術者を確保しているのだろうか。高い報酬で高い育児サービスを手に入れてワークライフバランスがとれているのだろうか。また、昇給ピッチが大きいがゆえに、企業内の格差は大きい。技術者のなかでの能力格差、営業・販売・事務のなかでも末端層との一体感はあるのだろうか。従業員持株を持っていない層が半分はいるとされており、持株層と非持株層の軋轢はどうなっているのか。こうした現在の労使関係の基礎情報があれば、終章に書かれている5つの将来予測の見通しもみえてくる。可能ならば、ファーウェイの性別・職種別構成をふまえた分析をみてみたい。

　以上の課題は挙げたものの、本書は間違いなくファーウェイ研究の必読文献で

ニズム」をめぐる議論においても指摘されてきたように、非正規女性労働者の利害関心を実現する過程に焦点を当てるにあたって、既存の労働者組織にとどまらず、市民運動に淵源をもつ組織との連携に焦点が当てられている。それでは、各章の内容について、簡潔に確認していこう。

　まず序章においては、非正規女性労働者の「利害代表」を志向する組織として、「韓国女性労働者会（KWWA）」と「韓国女性労働組合（KWTU）」とを主たる分析対象とすることが明示され、非正規女性労働者の組織化とその利害関心の法制度への実現過程を分析することが課題として設定される。この課題を受けて、第1章においては、分析枠組みが提示される。ここでは、「社会運動ユニオニズム」に関連した韓国労働運動の研究などが批判的にレビューされたうえで、著者が提起する「独自組織」、社会的連携を促進する4要素、さらには連携の「場」としての「政策アリーナ」が概念的に特定される。さらに、こうした分析枠組みの特定に加えて、調査対象である2つの「独自組織」が紹介され、調査方法（インタビューと資料取集）が開示されている。

　これらの章に続く第Ⅰ部は、歴史的背景の解明に当てられている。第2章においては、いわゆる「民主化」を受けて開始された「労働者大闘争」（1987年）以降の変化が確認される。すなわち、この闘争の結果、主として大企業において内部労働市場が形成され、男性の正規労働者に対しては、一定程度労働運動の成果が与えられたものの、1998年に起こったアジア通貨危機の影響で労働市場の二重化＝外部労働市場の（再）形成が進展し、その結果、非正規女性労働者が増加することになった経緯が辿られている。かつて「労働者大闘争」を担った既存の労働組合は、コーポラティズムを想起させる制度のもとで、労働者による政策参加を勝ち取っていたものの、まさにそうした政策参加を通じて、結果的に非正規労働者（「周辺部」労働者）の増加を容認したことも明らかにされる。

　第3章においては、韓国における女性労働運動の歴史的経緯が回顧される。韓国においては、女性労働運動は独裁政権への抵抗のなかから台頭し、知識人によって主導された「女性平友会」の設立・解散を受けて、KWWAが主として低賃金女性労働者の「利害代表」を志向する、いわゆる労働NGOとして設立された（1987年）。しかし、労働NGOは、団体交渉を通じて女性労働者の権利伸長

を図ることができないため、KWTUが設立されるに至ったのである。

　こうした女性労働者をめぐる歴史的背景が確認されると、第Ⅱ部においては、「周辺部」労働者としての非正規女性労働者の組織化について検討される。第Ⅱ部は、わずかに1つの章（第4章）から構成され、「独自組織」の組織と活動とが検討されている。ここでは、事例として検討されるKWWAとKWTUの組織構成、それらの活動内容、および両者の比較と活動における分業について明らかにされる。とりわけ、2つの組織の活動においては、明らかな分業が存在している。つまり、KWWAは、非正規女性労働者の職業訓練、職業紹介、および労働相談を専ら行っているのに対して、KWTUは、彼女たちの組織化とその利益実現に向けた団体交渉を行っているというわけだ。さらに、2つの組織は、人的・財政的な援助を行い合う関係を構築しており、将来的な両者の統合も模索されていることも指摘される。

　こうした組織の実態と活動とをふまえて、いよいよ第Ⅲ部において「周辺部」労働者にとっての「利害代表」としての活動が検討される。まず第5章においては、「非正規職保護法」の制定過程が検討され、「非正規労働者特別対策委員会」という法の制定過程（「場」あるいは「政策アリーナ」）に対する、「非正規共同対策委員会」という連携組織の関与とそこにおける個々のアクターの振る舞いが、「連携形成の要素」をふまえて検討される。その際、市民運動による世論の支配が重要な影響を与え（「影響の政治」）、結果的に「非正規法共同対策委員会」の設立に進展したことが指摘されるとともに、非正規労働者に対して多様な立場をとる参加団体にあって、より実利的な立場が最終的には優越した過程が明らかにされる。

　第6章においては、最低賃金の制定をめぐる「政策アリーナ」が分析される。ここでは、労働組合がこうしたアリーナに出入りすることを通じて、市民運動との連携を強化したことが明らかにされる。さらに、市民運動によって、非正規労働者の低賃金に対する「不正義」が告発されたことが、いわば「フレーム」の更新ともいえる事態を招き、最低賃金の制定に帰結したことが指摘される。

　最後に、終章においては、本書の分析を通じて明らかになった、さらなる課題が提示される。すなわち、非正規女性労働者の「主体形成」に関する分析と、「政策アリーナ」に参入していた政党や政府関連団体の動向をふまえた意思決定

の詳細な過程分析が、新たな課題とされている。

2．コメント

　それでは、以上のような本書の理解に基づいて若干のコメントと評価を試みよう。

　第1に、本書の分析から明らかになるのは、韓国社会のユニークさであろう。本書においても紹介されているように、1980年代の半ばまで韓国は権威主義的な国家によって支配されていた。しかし、本書においても、「歴史的背景」として確認されているように、「民主化」と1987年以降の労働運動の台頭によって、労働者の利害関心を国家へとインプットするための回路は整備され、制度化されたといえよう。労働組合による政策参加が制度化された事態は、コーポラティズムとして把握することも可能であろう。

　こうした状況は、労働運動による、国家に対する利害関心のインプットが困難を極める社会とは大きく異なっている。先進国においても、アメリカ合州国にはこうしたコーポラティズム的な機制は存在しないし（e. g.,山田 2014）、多くの途上国においても、この点は同様である（e. g.,山田 2019）。こうした社会においては、国家や自治体に対して、労働者の利害関心をインプットすることが、まさに運動として追求されなければならない。それに対して、コーポラティズムが存在する韓国においては、本書において検討されているイシューが、いずれも"運動"というよりは"政策"形成として扱われている点がユニークであるといえよう。この点は、本書において設定された課題が検討される際にも影響を与えているように思われる。

　この点に関連した内在的評価として、第2に、様々な組織の連携に関する分析がいささか表面的にものにとどまっている感があることを指摘できるかもしれない。コーポラティズムのもとで、「政策アリーナ」が相対的に容易に設定されるために、そこに参加する諸組織が連携するといっても、「場」を共有していることが指摘されるにとどまり、連携形成にいたる過程が立ち入って分析されてはいないように思われる。それというのも、単に利害関心を共有しているからといって、組織間の連携は必ずしも成立しないからである。

　アメリカ合州国の事例を挙げるならば、たとえ小規模な自治体においても、市民団体と労働組合とが連携することには大きな困難が伴い、両者を媒介する労働NGOが不可欠であった（山田 2014: Ⅷ章）。この点に関連して、例えば、組織間におけるよりミクロレベルの人的交流などが分析されてもよかったかもしれない（この点は、著者が今後の課題としていることにも関連していよう）。

　第3に、本書においては、多数の市民運動団体が非正規女性労働者の「利害代表」として紹介されているものの、その内部情報については詳細に検討されていない。この点は、本書の課題としては意図されていない。しかし、労働運動が社会運動の一環であるとすれば、本書においても認識されているように、労働組合という組織の"重み"はもっと相対化されてもよいように思われる。

　最後に、第3のコメントに関連して、これも著者の意図にはないこと、その意味で本書の課題ではないことかもしれないものの、あえて言及するならば、社会運動を分析するツールをもう少し使用してもよかったのではないかと思う。例えば、組織連携を分析する際に、人的あるいは組織間ネットワークの実情を検討することも可能だったし（ネットワークそれ自体の存在は、指摘されている）、すでに言及したように、フレーミングのあり方による世論の動員などを分析することも可能であったように思われる。いわゆる「新しい社会運動」論以降、労働運動を社会運動の一環から切り離して検討する不幸な事態が継続してきたことに鑑みれば、こうした試みは追求されてもよいように思われる。本書の価値は、そうした作業を通じて、事例研究を超えた、より一般的な文脈でいっそう高まるように思われる。

〔注〕

1　ちなみに、「利害代表」は、本来「利益代表」と呼ばれるべきであろう。労働者にとって「害」になることを代表する労働者組織はなかろう。

〔文献〕

山田信行（2014）『社会運動ユニオニズム－グローバル化と労働運動の再生』ミネルヴァ書房。
―――（2019）『グローバル化と社会運動－半周辺マレーシアにおける反システム運動』東信堂。

―――――― 日本労働社会学会年報第30号〔2019年〕――

中根多惠著

『多国籍ユニオニズムの動員構造と戦略分析』

（東信堂、2018年、Ａ５判、175頁、定価3,200円＋税）

小谷　幸

（日本大学）

　急速なグローバル化のもと外国人労働者が増加の一途を辿っている。にもかかわらず、その権利は適切に擁護・代表されていないのではないか――。本書は以上の問題意識に基づき、外国人労働者の組織化をめざす個人加盟ユニオン「ゼネラルユニオン」（以下GUと略）を対象として取り上げ、参与観察、インタビュー調査、質問紙調査等一次資料のほか機関誌等の二次資料を収集・分析し、その運動の特徴を浮き彫りにしようとする。

　その際、外国人労働者の権利擁護という本書のテーマ自体が、労働研究・エスニシティ研究の両分野においてこれまで十分に顧みられていない点を著者は問題視する。その上で、両分野の間隙を埋めるべく、本書のタイトルともなっている「多国籍ユニオニズム」（Multinational Unionism,　以下MUと略）という概念を新規に設定し、労働運動研究の中にエスニシティ研究の知見を取り入れ考察しようとする。この点が本書の独自性として高く評価される。

　本書の構成は、まず序章で問題意識が示されたのち、第1章で問題意識に基づく先行研究の整理が行われ、第2章で分析枠組みが提示される。第3章は調査対象であるGUの組織構造の記述であり、本書の主眼は第4章から第6章にわたるGUの事例分析である。終章では全体の要約および考察が行われ、今後の展望が示される。

　本書の章構成を示した上で、各章を簡単にまとめ、紹介する。

　序章では、本書の問題意識と目的、主要概念についての諸定義が提示される。「不安定雇用労働者かつ外国人であるいわば〈二重のマイノリティ〉」（3ページ）である外国人労働者の連帯可能性を探るために、本書ではMUを「外国人による多国籍的な特徴を持つ労働運動」と定義し検討を進めることが示される。

　第1章は、MUを射程とする本書の分析枠組みを設定する上での先行研究として、海外、中でも米国で発展してきた社会運動ユニオニズム（Social Movement Unionism, 以下SMUと略）およびその日本へのインプリケーション、ならびに個人加盟ユニオン等日本の「オルタナティヴな労働組合」研究が批判的に検討される。日本のMUを牽引する存在であり、先行研究ではSMUの日本における組織形態として位置づけられてきた「オルタナティヴな労働組合」であるが、米国におけるSMUとは資源の少なさや組織の脆弱性等相違点も多いことから、SMUの枠組みで分析するには限界があると著者は指摘する。そこで本書の分析にあたっては、SMUの労働運動再活性化理論において最も重視され、かつ日本の研究では看過されている「戦略性」を中心に据えた独自の枠組みを構築する必要性が述べられる。

　第2章では、まず本書の理論モデルの適用範囲が確認される。本書はオルタナティヴな労働組合全てに適用可能な理論モデルではなく、外国人労働者の組織化を行うユニオンに研究対象を絞り、「相対的に組織的基盤が弱く運動資源に乏しいとされるオルタナティヴな労働組合において、周辺的・流動的なMUの運動が、彼らが埋め込まれる社会構造のなかでどのように彼らの社会的機会やエスニシティを組み込んで成り立ちうるのか」（30ページ）を解き明かすことを研究目的とする。

　そのため本書では、MUが他の個人加盟ユニオンと同様にオルタナティヴな組

合組織であるがゆえの組織的脆弱性を有することがまず示され、加えて、MUの独自性として、運動のアクターが〈二重のマイノリティ〉である外国人非正規雇用であるゆえの社会構造上の制約をも有するという、いわば、2つの運動障壁を有していることが特徴づけられる。その上で本書は、それらの障壁の中にあってもMUが一定程度の活動を続けられている理由を、労使関係に限定されない資源の戦略的獲得に求めようとする。

　その点に迫るべく、本書はSMUの労働運動再活性化理論も依拠する社会運動論、とくに動員構造論に依拠し、(1) 未組織労働者の組織化によるメンバーシップの動員（第4章）、(2) 加入後の一般組合員の動員（第5章）を分析する、とする。さらに本書独自の視点として (3) 未組織労働者・組合員・経営者のみならず市民社会への働きかけによる支持動員にも着目し、「フレーム調整」の枠組みを援用しこれを分析する（第6章）。また研究対象として、語学学校教師や教育機関の語学教員を中心として組織するGUが選定されている。その理由は、MUの代表的組織である6団体の中から、外国籍の組合員の比率が高く組合の設立母体がないにもかかわらず、300人近くの組合員を安定的に有している点が本研究の目的に迫る事例としてとりわけ適合的だとされたためである。

　第3章は、1991年に結成されたGUが、イギリス人労働組合活動家の勤務先である英会話学校の労働問題を一つの契機として語学学校の組織化を進めたこと、別の一支部におけるストライキが大規模に報道されることで組織として大きく伸張したこと、語学学校とともに徐々に教育機関の外国人講師、さらには南米系・東南アジア系労働者の組織化が目指されていることが述べられる。また、組合員のプロフィールとして、語学を教える高度専門人材であるものの、非正規の外国人労働者であり、社会保険未加入等の問題を抱えやすいことが示される。

　第4章は、GUの一支部の活動を例に取り、新規の組合員を獲得するプロセスがインタビュー調査を通じて分析される。GUが社会保険未加入キャンペーンを機に支部組合員が増加した以降も安定的な組合員数を保っている理由について、いくつかの校舎を掛け持ちして働くことによる職場の日常的なインフォーマル・ネットワークを通じた組織化が行われること、ニューズレターや各職場に配置されている職場代表を中心としたビラ配り等の戦略が功を奏していることが示される。

　第5章では、GU加入後の組合員の活動参加の度合いを規定する要因が定量的に分析される。「友人をサポートするため」「何か良いことをするため」といったボランティア的な動機で加入した場合に活動参加に正の影響が出ていること、友人を通じた動員の場合、MU内での連帯・帰属感を評価している場合にも同様に正の影響が出ていることが解明されている。総じて、仲間とのコミュニケーションや活動することによる充実感を得られるという条件こそが組合員への組合活動への参加を促すことが示された。友人数や付き合いの程度がGUにおける集合財の獲得程度を規定していることも明らかにされた。

　第6章は、GUが市民社会（ホスト社会）に対して2つのアプローチを実施し、ホスト社会からの支持動員を得ていることが示される。1つめのアプローチは「外国人労働者」というアイデンティティを強調する戦略、そして2つめのアプローチは組合組織の閉鎖性を打開するため、日本人活動家の持つ組織間ネットワークを活用し、ホスト社会のなかに運動を位置づけようとする戦略（フレーム拡張）である。

　終章は、「二重の運動障壁を克服する戦略としての多方面からの資源動員」という本書のテーマを軸に再度の要約がなされるとともに、MUの他団体との比較を通じた一般化および今後の展望が示されている。

　以上が本書の概要である。評者が考える本書の意義は以下の3点である。

　まず1点目として、本書が対象を〈二重のマイノリティ〉と想定し、それゆえの権利擁護の困難さを、3つのアクターへのアプローチによる資源動員、すなわち外的組織化である未組織労働者の組織化、内的組織化である労働組合メンバーの活動の活発化、そして外部の市民社会への働きかけにより打開しようとする枠組みで捉えた点、およびその実証に概ね成功している点である。本枠組みは、参与観察を主としたデータと理論とのたゆまぬ往復の中でこそ生成された周到さを帯びている。

　2点目に、労使関係・労働組合研究にエスニシティ研究の知見を組み込み、本書の対象が外国人労働者であることの障壁とともに資源としてエスニック・コミュニティが活用可能となることを浮き彫りにしたことである。従来労使関係論の枠組みの中で論じられてきた個人加盟ユニオンの大きな特徴はその組織として

の脆弱性であり、その克服に向けて多くの研究が組合員の定着メカニズムを追求してきたが、本研究はその議論に新たな知見を付け加えている。

　3点目には、仲間とのコミュニケーションや活動の充実感が活動参加にあたって大きいことを数量的に実証することにより、個人加盟ユニオンの機能として重視される居場所・コミュニティとしての機能を裏付けたことが挙げられる。

　以上の評価を踏まえた上で、本書で使われる概念や分析内容について評者が疑問に感じた点などについて以下に述べる。

　まずいささか外在的ではあるが、SMUの特徴の一つであるワーカーセンターの存在を踏まえた分析枠組みの構築の必要性について。著者はMUをSMUの下位概念として位置づける（9ページ注12参照）一方、SMUを労働組合が中心的に推進するものと捉えた上で論を展開していた。しかしながら、SMUは移民や女性といったマイノリティを当事者とした社会的公正をめざす運動であり、その一つの担い手として労働組合のみならずワーカーセンターが挙げられる。ワーカーセンターとは労働組合ではないが、労働者の権利擁護をめざすNGOであり、遠藤（2012）等の先行研究が指摘するように、組織規模やマイノリティの組織化等の面において個人加盟ユニオンと類似性を有する組織である。その点を含めて先行研究を整理できれば、SMU研究の検討を踏まえた研究枠組みの設定過程がスムーズになったと思われる。

　また、労使関係への着目を最小限にとどめ（31ページ）た結果、労働過程の特質をふまえた分析が手薄になっている。SMUはサービス業従事者による運動である点に大きな特徴があり、例えば鈴木（2012）が紹介するように、接客サービスの労働過程ではサービスの質の向上を共通項として経営者や顧客との共闘がはかりやすく、その点を運動側が戦略的に活かしている。すなわち労働過程の特質を活かして資源動員をはかっているのだ。本書におけるGUの組織化・活動の活発さに関する分析では彼ら彼女らが語学講師である点が言及されるが、その特質およびそれを踏まえた戦略が明示的に記されてはいない。

　次に実証部分の第4章〜第6章について。まず第4章では1つの分会を題材として新規組合員の組織化プロセスを明らかにしている。これら分会では職場で継続的な労使関係が築かれており、GUの組織の安定に寄与していることがうかが

えた。しかし一方で、分会ではなく労働相談等を契機に個人で加入する労働者の割合やその定着状況等の詳細については、南米支部への言及がみられるものの、明示されてはいなかった。個人加盟ユニオンは、寄る辺なき個人の労働者の拠り所としての機能を果たす一方、「回転ドア」のように組合員が入れ替わり継続的な労使関係機能を築きにくいことに最大のジレンマがあると評者は考える。それに対しGUのように分会による組織化で組織を安定させることは一つの効果的な方策であるが、一方で新規の相談、個人の労使紛争にも対応が必要であり（この層を軽視しないことが個人加盟ユニオンの一つの特徴である）、その過程で生じるさまざまな葛藤、例えば分会層と個人加入層との間の意識の隔たり等を一読者としては知りたかった。

　第5章では、組合加入ならびに活動参加における友人とのネットワークの重要性が浮き彫りにされたが、それが彼ら・彼女らがエスニック・コミュニティだからこそより強固なのかどうかは、感覚的には理解できるものの日本人を主としたユニオンとの比較研究や質的研究による補足がないため、十分に実証されていないように思われた。終章における別ユニオンでのフィリピン労働者の親族ネットワークを介した組織化との比較は説得的であり、著者も述べるように今後の比較研究に期待したい。

　第6章では、GUによる外国人労働者としてのアイデンティティを重視する運動が大切である一方、それにあまりに傾斜するとホスト社会からの支持が得られなくなるため、反戦運動等市民社会に調和的な運動にも参入していく戦略が採られているとあった。そのうち、前者の市民社会と共有できるイシューを選択する点は実証されているものの、後者のホスト社会からの負の効果について質的データ等の具体的な論拠は示されていなかった。

　また、本書は全体を通して誤字が散見され、かつパラグラフ・ライティングが意識されていない箇所では文章の大意をつかむことに苦労した。作者の次のプロジェクトでは以上の改善を心がけていただくと、作者の意図がより読者に伝わりやすくなると思われる。

　いろいろと要望を述べたが、世界第4位の移民受け入れ国であるにもかかわらず、技能実習制度等外国人労働者を取り巻く問題が山積している日本にあって、

今後本書の内容がますます多くの示唆を与えてくれることは疑いない。何よりも本書が描き出した、当事者である外国人労働者自身が周囲に声をかけ、新しい仲間を増やしていく過程に評者は大いに感銘を受けた。SMUが発展した米国では、市レベルから始まった最低賃金引き上げ運動が連邦下院での法案可決にまで至っているが、その基盤には当事者である移民低賃金労働者の運動があるからだ。

　「運動研究は、社会学が果たすべき分野である」「運動論は社会学の特性＝社会過程の研究が生かせる分野であり、研究の発展が望まれる」（河西 2001: 153-4）。今後も運動の現場に分け入った多くの研究蓄積が望まれる。

〔参照文献〕
遠藤公嗣　（2012）「第5章 ワーカーセンターと権利擁護団体」遠藤公嗣・篠田徹・筒井美紀・山崎憲『労働政策研究報告書 No.144 アメリカの新しい労働組織とそのネットワーク』労働政策研究・研修機構。
河西宏祐　（2001）『日本の労働社会学』早稲田大学出版部。
鈴木和雄　（2012）『接客サービス労働の労働過程論』御茶の水書房。

――――― 日本労働社会学会年報第30号〔2019年〕―

橋本健二著
『新・日本の階級社会』
（講談社、2018年、新書判、305頁、定価900円＋税）

鎌田　哲宏
（静岡大学名誉教授）

　社会学の中心テーマは社会構造と社会変動である。しかし、戦後の日本社会学会では、農村や都市や家族などの部分社会の研究が大半を占め、全体社会を実証的に分析する研究がほとんどなかった。我々は戦後ようやく解禁されたマルクス主義の方法を日本社会の構造分析に適用し、日本経済の二重構造を踏まえた階級構造を設定して、実証的な調査研究を継続的に展開した。それが室蘭調査である。室蘭調査の問題提起、理論仮説、具体的な調査票の作成、集計方法、分析等の一連の作業内容はすべて注1に詳述してあるので、ここでは触れない[1]。

　同じ頃、富永健一をリーダーとする東大グループが全国の大学の協力を得て、日本社会の階層構造を解明すべく大規模調査を行い、当時華々しく登場した大型コンピュータで集計・分析するという画期的な実証研究を行った。これがSSM調査である。しかし、この調査には明確な理論仮説がなかった。仮説を立てないことが社会の「科学的分析」であると富永健一は主張する。しかし、八木正は「不鮮明な計量社会学的階層論」と批判し、マルクス主義に基づく「科学的分析」の範例として、『社会諸階層と現代家族』を上げている[2]。こうして、室蘭調査とSSM調査が宿命的に対立する調査研究と位置づけられていく。

　その後、SSM調査は10年ごとに継続調査されるが、中澤秀雄はこの調査を主導した富永健一、盛山和夫、佐藤嘉倫らが、室蘭調査を一切無視したことを指摘し、「残念ながら二つの学派が切磋琢磨しながら階級・階層理論が形成されていく空間は成立しなかった」と批判し、「教育達成を過剰に重視して日本社会が『総中流』に向かうという機能主義的理論を組み立てた」「肘掛け椅子の階級理論家からは、日本における階層とは操作的に設定するしかないような、グラデー

ションをなし分断線を持たないのっぺりした集合に見えたのだろう」と厳しく糾弾している。しかし最後に「しかし近年ではSSM調査の一員である橋本健二が鎌田らの室蘭調査の成果を自らの理論化につなげていこうとする試みなど、新たな研究空間を構築する動きも見られる」[3]として、橋本健二に大きな期待をかけたが、彼は見事にその期待にこたえることになった。

　著者にはこれまでいくつかの著作があるが、この『新・日本の階級社会』がその頂点をなしていると思われる。以下、目次の章別構成を見ると次のようになっている。

　　「格差社会」から「新しい階級社会」へ──序にかえて
　　第一章　分解した「中流」
　　第二章　現代日本の階級構造
　　第三章　アンダークラスと新しい階級社会
　　第四章　階級は固定化しているか
　　第五章　女たちの階級社会
　　第六章　格差をめぐる対立の構図
　　第七章　より平等な社会を

　全編を通して平易で明快な文章なので、誰でも一読して十分理解できるので、内容の紹介は省略する。代わりに、本書の特色をいくつか検討したい。

　まず第1にマルクスの階級理論を導入したことである。1989年のベルリンの壁崩壊以後、マルクスの理論は社会科学のなかで後景に退く傾向があった。しかし、ソ連や東ヨーロッパの共産主義、社会主義の崩壊は決して資本主義の勝利ではなかった。その後のグローバル経済の進展は世界中を資本主義の熾烈な競争の坩堝のなかに投げ入れることになっていく。その結果、ごく一握りの人間に巨大な富が握られ、日本でも次第に格差が広がっていった。それにもかかわらず、日本の社会科学は「格差社会」と言うだけにとどまっていた。だからマルクスの理論を取り入れて、日本社会を真正面から「階級社会」と断定した本書はきわめて衝撃的であり、日本の社会学だけでなく、社会科学に大きな一石を投じたことになる

だろう。

　10年ごとに実施されたSSM調査は膨大で貴重な資料を堆積したはずである。これまで多くの統計数理社会学者が、難しい専門用語と手法で諸変数間の計量的関連性を展開してきた。しかし、日本社会の階層構造を明確に示すことはなかった。そもそも現実社会は混沌としているもので、明確な理論仮説もなしにいくら調査をくりかえしても明確な階層構造が抽出されることはないのである。そうした状況のなかで、もともと理系出身でコンピュータにも統計数理にも強い著者が、SSM調査をはじめさまざまの官庁統計などを縦横無尽に加工処理し、実証データをともなった明快な階級理論を展開したことは、読むものに爽快感を与えるものである。SSM調査の使用については「管理委員会」の許可を得たと書かれているが、調査データ収集の方法に照らして、今後、SSM調査データはすべて公開し、誰もが自由に利用できるようにするべきではないだろうか。多くの研究者がさまざまの仮説を実証するために利用できれば、日本社会学の発展に大いに役立つはずである。

　さて、本書の最大の功績は、資本家階級、旧中間階級、新中間階級、労働者階級の下に「アンダークラス」を設定したことである。これまで労働者階級の中の一つの階層と考えられてきた非正規労働者を、独立した一つの階級としたことである。この階級はどの規模の企業、どの職種にも広く分布し、労働時間はフルタイムとほとんど変わらないのに年収は極端に低い。そのため生活水準も低く、男子は結婚できず、女子も夫と離死別するとこの階級に入ってくるものが多い。しかもその数は増えつづけている。こうして労働者階級は二つに分裂し、この悲惨な状態の「アンダークラス」の犠牲の上に他の四つの階級がそれなりに安定した生活を可能にしているという。

　さらにこの階級構造とさまざまの意識調査をクロスし、「意識の構造」を剔出していることも本書の優れた功績である。特に最近の「自己責任論」が、この「アンダークラス」の悲惨な状態に対する他の四階級に責任逃れの免罪符を与え、「アンダークラス」の人々をも縛っており、自民党は支持しないが、排外主義が強いという事実はきわめて重要である。

　最後の章で、格差縮小のための方策を列挙している。賃金格差の縮小のために、

均等待遇の実現、最低賃金の引き上げ、労働時間短縮とワークシェアリング、所得の再配分のために、累進課税の強化、資産税の導入、生活保護制度の実効性の確保、ベーシックインカム、所得格差を生む原因の解消として、相続税率の引き上げ、教育機会の平等の確保などを上げている。そしてこの格差縮小を実現するために、詳細な支持政党の分析から、アンダークラス、パート主婦、専業主婦、旧中間階級、新中間階級と正規労働者のなかのリベラル波が結集し、支持できる格差是正を掲げる政党の出現をあげている。可能性の実現を追求した点でも優れた考察である。

　本書は近年まれに見る優れた研究業績である。強いて疑問点を一つあげると、それは階級の定義のなかにある。「階級とは、収入や生活程度、そして生活の仕方や意識などの違いによって分け隔てられた、いくつかの種類の人々の集まりのことをいう。そして各階級の間の違いが大きく、その違いが大きな意味をもつような社会のことを階級社会という」（11-12頁）。たしかに「あたらしい」考え方である。しかし、終焉が近づきつつあるとはいえ資本主義社会である以上、資本の論理は貫徹しようと働くのであり、一見複雑に見えても現実はシンプルに方向付けられている。たとえば、北海道でも大量の季節労働者を雇い、年商一億円を超える農業資本家が出現しているが、大手流通資本に低価格で買い上げられ、24時間営業を強いられているコンビニ経営者は高い「ロイヤリティー」に苦しめられているといった具合である。非正規労働者はこれからも増え続けるが、外国人労働者の流入も増大するであろう。各階級の具体的な存在形態を実態調査によって明らかにする必要を痛感するが、それは労働社会学会全体の研究課題であろう。

　本書を読みながら、たえず念頭にあったのはスウェーデン社会であった。「同一労働同一賃金」が徹底され、職種間の賃金格差も小さい。例えば医師の賃金は看護師の2倍でしかなく（日本は7倍）、土日や平日5時以降は通常の2倍の賃金が支払われる。医療費と教育費は無料で、公共料金が低いので、高校生になると親の家を出て自活する。失業すると賃金の9割が支給される等々——。「より平等な社会」の範例としてスウェーデンが今一度考慮されるべきではないだろうか。

　最後にSSM調査の一員でありながら、逆方向へ走ると、強い逆風を受け、孤

独な戦いを強いられたに違いない。しかし決してぶれることなく完走した著者に心から拍手喝采を送りたい。

〔注〕

1　鎌田とし子・鎌田哲宏（2005）「社会構造分析の方法―室蘭調査を中心に」札幌学院大学社会情報学部『社会情報』Vol.15。鎌田とし子（2000）「実証主義社会学の伝統を受けつぐ」北海道社会学会『現代社会学研究』第13巻。

2　八木正（1985）「不鮮明な計量社会学的階層論」『現代社会学20』アカデミア出版会。

3　中澤秀雄（2012）「『貧困』の社会学」書評　北海道社会学会『現代社会学研究』25号。

——— 日本労働社会学会年報第30号〔2019年〕———

吉田舞著

『先住民の労働社会学

——フィリピン市場社会の底辺を生きる——』

（風響社、2018年、A5判、292頁、定価4,000円＋税）

中川　功
（拓殖大学）

I　評者の資格

　評者は、ヨーロッパ経済史・経済論を専門とし、とりわけスペイン経済、とくに農業と労働の歴史・現状分析に焦点を当ててきた。著者のテーマに関する接点は、スペイン・フィリピン間の深い歴史関係と、日本と中南米の先住民に対する評者の高い関心にある。これらの事情を前提として書評を進めていきたい。

II　本書の構成

　第I部「現代社会と先住民」は第1章から第3章までにおいて、市場経済、国家、社会、先住民史の観点から先住民の動態が分析されている。第4章から第7章までが第II部「参加する先住民／参加しない先住民」をなす。第4章で先住民が市場経済に適応していく実態が分析される。さらには市場経済に参加しない「伝統型」と、参加したけれども排除されていく「解体型」の労働と生活がそれぞれ第5章、第6章で述べられ、第7章で本書の分析目的でもある「市場社会におけるアエタの相対的底辺化」が総括される。第III部ではミンダナオ島出身の先住民バジャウがマニラや地方都市で底辺労働に従事する姿が描かれて、アエタと比較される。最後に、補論で著者自身を含めた研究手法の客観化に努めている。

III　各章の概要

　第1章「先住民と市場社会」では、先住民の市場社会への参加行動になぜ着目するのかについて述べられている。ここでは、「先住民の相対的底辺化」の誘因となるグローバル化と市場経済が、フィリピンにも浸透している実態が紹介され

ている。

第2章「調査対象の説明」では、先住民アエタの集落が、ピナトゥボ山東麓に位置し、クラーク経済特区、旧クラーク米軍基地に隣接している意味が説明されている。同山噴火によって集落が解体してしまい、同特区での就労がはじまったからである。「サパ・アエタの経済史」では全4期に分けて近現代史を辿っている。第一期が1950年代以前の「狩猟焼畑時代」、第二期は「アエタが米軍と雇用関係を結」ぶ1954年から1991年の米軍基地撤退まで、第三期はピナトゥボ山噴火の1991年からサパ地域の観光開発がはじまる2003年までで、その間に「アエタの生活は、現金収入なくしては生計が賄えない」状態に変容した。第四期は現在に至る観光開発時代で、「観光業は、サパのもっとも重要な収入源になっていく」。先住民族権利法が制定され国家先住民族員会が設立され、同時に内外の観光投資とアエタの土地と賃貸契約を結ぶことでアエタが市場経済に取り込まれていった。しかし社会・国民一般には旧来の意識が残存している様子を、先住民の「呼称問題」を分析することで明らかにしている。

第3章「先住民の研究と課題」ではまず先住民の社会的排除／包摂の相関性について、先行研究の分析と成果を通して、再定義を試みている。労働市場の変容にともなって国家の枠組みの埒外にあった先住民を国家が包摂することで、「新たな排除」が生み出されている。しかも先行研究によれば、先住民の「労働市場、市民社会、国家という三つの水準における排除と包摂」が『排除の精緻化』」過程を生み出していると言う。文化的包摂を提唱したヤングは、「社会のなかで疎外されている人びとが、社会へ適応しようという意欲は」、「経済的・社会的に排除された結果、弱まるどころか、むしろ強まっている」と主張した。著者はそれをアエタの実例をあげることで実証した。噴火と基地撤去によってアエタは新たな現金収入機会を求めた。基地経済も市場経済なので、市場は先住民の消費性向や価値観をも飲み込んでいく。すると先住民が購入したい対象商品は増加し、購買意欲や価値観も増殖する。これが文化的包摂である。しかしアエタの現金収入は少なく、所得を高めるスキルは乏しい。かくしてアエタは「市場社会に適応しようとすればするほど、厳しい境遇に追いやられていく」。その「先住民の相対的底辺化の要因とプロセス」を、「先住民の共同化・個人化」、「市場社会への参

加・非参加」という4要素を用いて分析している。

　第4章「適応型の労働と生活」における、適応型（参加・個人化）とは何か。アエタが国家や労働市場に自ら参加するとともに参加対象からも包摂されていき、帰属していた村落共同体からの紐帯が解き放たれていく類型（個人化）である。村で働く場合、クラーク米軍基地の跡地開発が進み、農業と基地関連産業構造から工業・観光業・サービス業中心へと変わった産業構造の中で働いた。しかし「米軍基地最盛期の三倍を超える11万7000人」の雇用が創出されてもアエタにはインフォーマルな仕事や不安定な雇用しか回ってこなかった。2000年代でもアエタの雇用期間は1年未満で、月給も4000ペソ前後のままであった。著者たちがアエタの支出調査をしたところ、村の雑貨屋で「つけ買い」が多く、その額は1か月で平均4000ペソに及び、収支差額はゼロになることがわかった。

　都市で働く場合、まずはマニラでの「物乞い」で生活資金を貯めると村に戻る「循環型の出稼ぎ者」が「1990年代に多く見られた」。2000年代になると有期で不安定な就労条件で「店番や子守、工場労働者として」マニラで働く「出稼ぎ型」が増えた。その出稼ぎ型の一類型として、「住み込み労働」を著者は調査している。事例1の場合は労働時間が17時間半だが、賃金は1か月1万ペソ以上とマニラ市内でも平均以上を得ていた。事例2は住み込み家事労働で朝4時に起きて18頭の犬と8人の雇用主家族の世話をし、給料は1か月1500ペソと低水準。マニラ長期雇用滞在型は平地民と村落ともにネットワークを保持できるが、「適応型」と言っても多様な類型に分かれる。①先住民の都市出稼ぎ型は、母語使用や外出の禁止が命じられて故郷とも平地民ともネットワークは保持できない。②短期滞在のホームレス、物乞いの場合は、村落ネットワークは保持可能だが、平地民とは没交渉になる。③長期路上生活者は平地民ネットワークの保持はできるが、村落とは断絶されることが多い。市場適応過程では、アエタと平地民との価値観のコンフリクトが起こり、職場や都市環境から疎外されていくケースが多い。反面、都市型消費スタイルが、村落とのネットワークを通じて浸透していき、村落の伝統型消費スタイルを変容させていることは大変に興味深い。

　第5章「伝統型の仕事と生活」では、その原型と変容について考察されている。伝統型（非参加、共同化）の原型は18世紀以前のサパにあり、スペイン人や平

地民が入植する前の自給自足型生業であり、「アエタの仕事」と呼ばれている。1970年代に高地のサパに定住したアエタは、噴火と基地撤退によって勤労世代が都市労働に組み込まれていき、山仕事は家計の主たる収入から「家計の補助」になっていった。それは「産婆の賃労働者化」過程においても見られる転換である。産婆は、その職務が行政許認可の対象職になり、経済特区で雇用されるサービス産業労働者になった。「伝統型の生活」パターンについては、婚資、協同組合、副業と暇の3点を考察対象としている。婚資は、「共同体の秩序維持という機能」を持っていたが、近年、婚資が簡略化・省略されるケースが増えている。理由は二つ。婚資が「次第に男性側の大きな負担にな」ると同時に、経済合理性を持つ女性が増えたことである。協同組合の設立は結局失敗に終わり、内職の普及にみる時間＝暇概念の分析でも伝統性が根強く保守され、先住民の共同体型指向が指摘されている。ただし、村に対する市場の包摂も進んだ。

　第6章「解体型の労働と生活」における解体型とは、市場社会への参加に失敗した上に（非参加）、出身村落共同体からも断絶された（個人化）先住民類型を指す。より具体的には、都市部に在住する先住民ホームレスがそれにあたる。マニラのホームレス全体の人口推計は10万人とされている。特徴としては、①家族持ち、②ホームレス2世3世が多いことである。そこでは「個人および家族」が生き延びるために、「路上ネットワーク」が形成されている。しかしそのネットワークは一時的であり脆い結合度からなる。したがって存続のために結合しても状況に応じて切断したりされたり、あるいは「再」結合したりされたりする融通無碍なアメーバ性ネットワークである。しかしそれが自らの存続を保障する補助手段ではないことを、「解体型」アエタは覚悟していると思われる。

　第7章「先住民の相対的底辺化」では、底辺化過程のしくみを2段階に分けて解明している。一つは米軍基地時代である。先住民アエタが持つ「差異」＝「特性」を先住民側も基地側もお互いに利用して、アエタは「山仕事」を維持しながら基地での守衛・雑用係・洗濯婦という補助労働とを両立できていた。基地の雇用に際してアエタは優遇して採用され、「雇用条件が、当時のフィリピンのなかでも恵まれていた」。基地経済という特殊な市場社会に包摂されていたゆえに、アエタは平地の市場社会に参加する必要性が生まれずに共同体性を維持できた。

その意味では特殊限定的な市場経済としての基地経済は、アエタが一般的な市場経済へと本格的に参加していく緩衝役を果たしたと言える。基地経済で認められていた先住民アエタの「差異」は、90年代以降の「開発関係者のプロモーションや、国の観光政策」の対象になり、一般的な市場経済へと参加するにあたっても、「差異」は継続的に活用された。ただし「差異」の市場的本質である低賃金と不安定雇用がつねに活用され、「平地社会の階層構造のなかで、……最底辺に組み込まれていった」。アエタの差異・特殊性が維持できないと市場からの撤退が余儀なくされることから、アエタからも市場からもアエタの差異・特殊性が維持されると、市場的本質である低賃金・不安定雇用も維持される。アエタ社会において低位の労働・生活条件が再生産されていく。先住民は社会のなかで「相対的な底辺」に位置し続けることになる。しかも市場社会は「個人化」を推し進める。共有化されていた貧困も「個人化」され分有されていく。さらには第3章で四類型化した各型も変容・移行を繰り返し、少数の参入成功型と多数の解体脱落型とに二極分化されていく。しかも先住民アエタの場合「集団丸ごと、階層底辺」に定置化されている状態にある。

Ⅳ　本書の功績

「本書の学術的な挑戦」は三つあると著者は設定している。

　1．労働研究としての挑戦：「今まで先住民研究では労働そのものは元より市場構造との相対的関係からの調査・分析は、あまりなかった」。そこで第1の挑戦は、「先住民の労働と生活を社会学的手法により分析し、先住民をとおした市場社会の構造」を分析することとした。その結果：先住民の労働については第3章から第6章において、その成果は見事に描かれている。「先住民の労働」研究において日本でのパイオニア的業績と評者は考える。しかも先住民の貧困の再生産はエスニックな民族的差異に原因があるのではなく、その差異をめぐる国家・市場経済・国民・社会と先住民とのあいだにある相関性に原因があることが明らかになったことは高く評価されるべきである。

　2．貧困研究としての挑戦：「排除された人びとこそ支配的価値に取り込まれているという文化的包摂に着目」し、アエタの貧困が再生産されていく仕組みを

考察する。その結果：一番明確に読み手に伝わった挑戦なのではないか。見事に成功したと言える。基地経済を手始めにして市場経済に入り込んだアエタは、市場経済に固有の現金収入を求めて都市で活動をする。しかし都市で定着するための労働スキルと労働観があまりにも不足していた。貧困状態は変えられない。しかも都市での労働をつづけるとグローバル化と市場経済は、たとえ国家が先住民優遇政策をとったとしてもアエタを「相対的底辺」に位置づけ、しかも定置化されてしまう。第7章の分析は圧巻である。

　3．都市研究としての挑戦：都市の「生活空間の再編が、底辺層に与える諸影響」を考察する。その結果：「生活空間の再編」は描かれ、相対的底辺化プロセスが、都市の低層の階層分化をもたらすだけではなく、ネットワークを通じて村の居住者の底辺化にまで影響が及ぶ実態が見事に「見える化」されていた。

V　今後の課題

　1．労働研究としての挑戦で解明に成功したが、しかし先住民の労働と生活の改善には、何が必要なのか、国家や市場が特別扱いしても底辺化は止められないならば、この状況の中から政策的含意を見いだせるのか、今後の課題としたい。

　2．「先住民をとおした市場社会の構造」について部分的な指摘はあったが、まとまったかたちでの同構造は描かれていなかったと思うのだがどうだろうか。

　3．基地撤去は基地経済をとおして市場経済に参加していたアエタを丸裸にし、分化していく大きな要因になった。その意味では、基地撤退とアエタの労働と生活との関係性について前者の情報が必要かなと思った。

日本労働社会学会会則

(1988年10月10日　制定)
(1989年10月23日　改訂)
(1991年11月 5 日　改正)
(1997年10月26日　改正)
(1998年11月 2 日　改正)

[名　　称]

第 1 条　本会は、日本労働社会学会と称する。

　　2　本会の英語名は、The Japanese Association of Labor Sociology とする。

[目　　的]

第 2 条　本会は、産業・労働問題の社会学的研究を行なうとともに、これらの分野の研究に携わる研究者による研究成果の発表と相互交流を行なうことを通じて、産業・労働問題に関する社会学的研究の発達・普及を図ることを目的とする。

[事　　業]

第 3 条　本会は次の事業を行う。

　⑴　毎年1回、大会を開催し、研究の発表および討議を行なう。

　⑵　研究会および見学会の開催。

　⑶　会員の研究成果の報告および刊行 (年報、その他の刊行物の発行)。

　⑷　内外の学会、研究会への参加。

　⑸　その他、本会の目的を達成するために適当と認められる事業。

[会　　員]

第 4 条　本会は、産業・労働問題の調査・研究を行なう研究者であって、本会の趣旨に賛同するものをもって組織する。

第 5 条　本会に入会しようとするものは、会員1名の紹介を付して幹事会に申し出て、その承認を受けなければならない。

第 6 条　会員は毎年 (新入会員は入会の時) 所定の会費を納めなければならない。

　　2　会費の金額は総会に諮り、別途定める。

　　3　継続して 3 年以上会費を滞納した会員は、原則として会員の資格を失うものとする。

第 7 条　会員は、本会が実施する事業に参加し、機関誌、その他の刊行物の実費配布を受けることができる。

第 8 条　本会を退会しようとする会員は書面をもって、その旨を幹事会に申し出なければならない。

　　［役　　員］

第 9 条　本会に、つぎの役員をおく。

　(1)　代表幹事　1 名

　(2)　幹　　事　若干名

　(3)　監　　事　2 名

　役員の任期は 2 年とする。ただし連続して 2 期 4 年を超えることはできない。

第10条　代表幹事は、幹事会において幹事の中から選任され、本会を代表し会務を処理する。

第11条　幹事は、会員の中から選任され、幹事会を構成して会務を処理する。

第12条　監事は、会員の中から選任され、本会の会計を監査し、総会に報告する。

第13条　役員の選任手続きは別に定める。

　　［総　　会］

第14条　本会は、毎年 1 回、会員総会を開くものとする。

　2　幹事会が必要と認めるとき、又は会員の 3 分の 1 以上の請求があるときは臨時総会を開くことができる。

第15条　総会は本会の最高意思決定機関として、役員の選出、事業および会務についての意見の提出、予算および決算の審議にあたる。

　2　総会における議長は、その都度、会員の中から選任する。

　3　総会の議決は、第20条に定める場合を除き、出席会員の過半数による。

第16条　幹事会は、総会の議事、会場および日時を定めて、予めこれを会員に通知する。

　2　幹事会は、総会において会務について報告する。

　　［会　　計］

第17条　本会の運営費用は、会員からの会費、寄付金およびその他の収入による。

第18条　本会の会計期間は、毎年10月 1 日より翌年 9 月30日までとする。

［地方部会ならびに分科会］

第19条　本会の活動の一環として、地方部会ならびに分科会を設けることができる。

［会則の変更］

第20条　この会則の変更には、幹事の2分の1以上、または会員の3分の1以上の提案により、総会の出席会員の3分の2以上の賛成を得なければならない。

［付　　則］

第21条　本会の事務執行に必要な細則は幹事会がこれを定める。

　　2　本会の事務局は、当分の間、代表幹事の所属する機関に置く。

第22条　この会則は1988年10月10日から施行する。

編集委員会規程

（1988年10月10日　制定）
（1992年11月3日　改訂）

1. 日本労働社会学会は、機関誌『日本労働社会学会年報』を発行するために、編集委員会を置く。

2. 編集委員会は、編集委員長1名および編集委員若干名で構成する。

3. 編集委員長は、幹事会において互選する。編集委員は、幹事会の推薦にもとづき、代表幹事が委嘱する。

4. 編集委員長および編集委員の任期は、幹事の任期と同じく2年とし、重任を妨げない。

5. 編集委員長は、編集委員会を主宰し、機関誌編集を統括する。編集委員は、機関誌編集を担当する。

6. 編集委員会は、会員の投稿原稿の審査のため、専門委員若干名を置く。

7. 専門委員は、編集委員会の推薦にもとづき、代表幹事が委嘱する。

8. 専門委員の任期は、2年とし、重任を妨げない。なお、代表幹事は、編集委員会の推薦にもとづき、特定の原稿のみを審査する専門委員を臨時に委嘱することができる。

9. 専門委員は、編集委員会の依頼により、投稿原稿を審査し、その結果を編集委員会に文書で報告する。

10. 編集委員会は、専門委員の審査報告にもとづいて、投稿原稿の採否、修正指示等の措置を決定する。

付則1. この規定は、1992年11月3日より施行する。

2. この規定の改廃は、編集委員会および幹事会の議を経て、日本労働社会学会総会の承認を得るものとする。

3. この規定の施行細則（編集規定）および投稿規定は、編集委員会が別に定め、幹事会の承認を得るものとする。

編集規程

(1988年10月10日　制定)
(1992年10月17日　改訂)
(幹事会承認)

1. 『日本労働社会学会年報』(以下本誌)は、日本労働社会学会の機関誌であって、年1回発行する。
2. 本誌は、原則として、本会会員の労働社会学関係の研究成果の発表に充てる。
3. 本誌は、論文、研究ノート、書評、海外動向等で構成し、会員の文献集録欄を随時設ける。
4. 本誌の掲載原稿は、会員の投稿原稿と編集委員会の依頼原稿とから成る。

年報投稿規程

(1988年10月10日　制定)
(1992年10月17日　改訂)
(2002年 9月28日　改訂)
(2011年12月15日　改訂)
(2014年 7月 5日　改訂)
(幹事会承認)

[投稿資格および著作権の帰属]

1. 本誌(日本労働社会学会年報)への投稿資格は、本会員とする。なお、投稿論文が共著論文の場合、執筆者のうち筆頭著者を含む半数以上が本会会員であることを要する。
2. 本誌に発表された論文等の著作権は日本労働社会学会に帰属する。ただし、著作者自身による複製、公衆送信については、申し出がなくてもこれを許諾する。

[投稿原稿]

3. 本誌への投稿は論文、研究ノート、その他とする。
4. 投稿する論文は未発表のものに限る。他誌への重複投稿は認めない。既発表の有無・重複投稿の判断等は、編集委員会に帰属する。ただし、学会・研究会

等で発表したものについては、この限りではない。

［執筆要項］

5. 投稿は、パソコン類による横書きとする。

6. 論文及び研究ノートの分量は24,000字以内（図表込：図表は1つにつき400字換算）とする。また、書評は4,000字程度とする。

7. 原稿は下記の順序に従って記述する。

   題目、英文題目、執筆者名、執筆者ローマ字、本文、注、文献、字数。

8. 本文の章・節の見出しは、次の通りとする。

   1.2.3…、(1) (2) (3) …、1) 2) 3) …

9. 本文への補注は、本文の箇所の右肩に(1)、(2)、(3)の記号をつけ、論文末の文献リストの前に一括して掲載する。

10. 引用文献注は下記のように掲載する。

   引用文献注は本文の該当箇所に（　）を付して、（著者名、西暦発行年、引用ページ）を示す。引用文献は論文末の補注の後に、著者のアルファベット順に著者名・刊行西暦年、書名（または論文名、掲載誌名、巻号）、出版社の順に一括して掲載する。また、同一の著者の同一年度に発行の著者または論文がある場合には、発行順に a, b, c,…を付する。

11. 図、表、写真は別紙とし、次のように作成する。

   (1) 本文に該当する箇所の欄外に挿入箇所を朱書きして指定する。

   (2) 図・表の文字の大きさは、別紙で定める図表基準に従うこと。

   (3) 図・表の番号は、図 - 1、表 - 1のように示し、図・表のそれぞれについて通し番号をつけ、表にはタイトルを上に、図にはタイトルを下につける。

   (4) 図・表・写真等を他の著作物から引用する場合は、出典を必ず明記し、必要に応じて原著者または著作権保持者から使用許可を得ること。

［申込みと提出］

12. 投稿希望者は、以下の項目を A4 サイズの用紙1枚に記入し編集委員会宛に申し込む。書式は自由とする。

   (1)氏名、(2)郵便番号と住所、電話番号、e-mail アドレス、(3)所属機関・職名、同電話番号、(4)論文、研究ノートなどの区分、(5)論文の題目、(6)論文の概

略、(7) 使用ソフトの名称及びバージョン。

13. 当初の投稿は原稿とコピー計3部（うちコピー2部は氏名を伏せること）を送付する。また、編集委員会が指定するアドレスに原稿を添付ファイルで送信する。

［原稿の採否］

14. 投稿論文は複数の審査員の審査結果により、編集委員会が掲載の可否を決定する。

15. 最終段階で完成原稿とコピー計2部を編集委員会に送付する。また、編集委員会が指定するアドレスに原稿を添付ファイルで送信する。

［図表基準］

16. 図表は次の基準により作成するものとする。

　(1) 図表のサイズは年報の1頁以内に収まる分量とする。

　(2) 図表作成の詳細については、原稿提出後に出版社との調整があるので、その指示に従い投稿者の責任において修正することとする。

［付記］

1. 本規程の改訂は、幹事会の承認を得なければならない。

2. 本規程は、2014年7月5日より実施する。

日本労働社会学会幹事名簿（第30期）

幹　事

中囿　桐代	（北海学園大学）	代表幹事
小村　由香	（日本看護協会）	事務局長
中嶌　　剛	（千葉経済大学）	会　　計
谷川千佳子	（聖徳大学）	会　　計
井草　　剛	（松山大学）	
石井まこと	（大分大学）	
伊藤　大一	（大阪経済大学）	
李　　旼珍	（立教大学）	
江頭　説子	（杏林大学）	
大槻　奈巳	（聖心女子大学）	
大野　　威	（立命館大学）	
小尾　晴美	（中央大学）	
櫻井　純理	（立命館大学）	
柴田　徹平	（岩手県立大学）	
高島　裕美	（拓殖大学北海道短期大学）	
中根　多惠	（愛知県立芸術大学）	
萩原久美子	（下関市立大学）	
兵頭　淳史	（専修大学）	
宮下さおり	（名古屋市立大学）	

監　事

京谷　栄二	（長野大学）
鷲谷　　徹	（中央大学）

年報編集委員会

宮下さおり	編集委員長
石井まこと	編集委員
小尾　晴美	編集委員
兵頭　淳史	編集委員

編集後記

　年報第30号を会員のみなさまにお届けします。本号は第30回大会シンポジウムをもとにした特集原稿のほか、投稿論文2件、投稿による教育実践報告1件、および書評6本を掲載することができました。投稿数は4本であり、前期からの課題である投稿者数の確保がまずはできたかと思います。投稿先に『年報』を選んでくださった執筆者および査読者の方々、新米編集長を支えてくださった編集委員に御礼申し上げます。

　初めての作業にたずさわるなか、学会誌が多くの方々の熱意と善意にもとづいて成り立っていることをあらためて実感しました。このところ大学の運営システムをはじめとして大学をめぐる諸事情が変わり、それがじつにさまざまな経路で研究者の日常に大きな影響を与えています。もっとも、それは大学だけのことではなく、私たちが分析し、貢献しようとしている社会全体で起きていることの一部だと思います。そうしたことへの対処に時間とエネルギーを割きながら、自身の研究活動に加え、学会全体として生産的な議論を生み出していくための学会誌の発行に支援を惜しまない方々の存在に、私はとても励まされました。

　また、編集委員長として各方面に依頼をする際に、会員名簿の専攻領域記載にたいへん助けられました。所属や住所変更がなければわざわざアップデートしないことも多いと思いますが、ご自身の情報がやや古いかと思われた場合は、ぜひ更新をお願いいたします。また、会員名簿を見ていて、若手を含めた多くの会員が在籍していることを心強く思うと同時に、退会された会員や会員であってほしい研究者が入会していない、そうしたことに気づきました。打開策はもちろん状況を見通すことも容易にはしづらい昨今、多様な経験、興味・関心や主張を持つ人々が、活発に気兼ねなく、互いが対等な立場で議論していける場が、いっそう求められています。広く労働に関心を持つ方々に目を通してもらえるような学会誌としていくために、できることを考えていきたいと思います。今後とも支援とご助言をたまわりたく、お願い申し上げます。

（年報編集委員長　宮下さおり）

ISSN　0919-7990

日本労働社会学会年報　第30号
生活という視点から労働世界を見直す
2019年10月31日　発行

□編　　集　日本労働社会学会編集委員会
□発行者　日本労働社会学会
□発売元　株式会社 東信堂

日本労働社会学会事務局
〒150-0001　東京都渋谷区神宮前5-8-2
公益社団法人　日本看護協会　労働政策部
TEL　03-5778-8553
E-mail　yuka.omura@nurse.or.jp
学会HP　http://www.jals.jp

株式会社 東信堂
〒113-0023　文京区向丘1-20-6
TEL　03-3818-5521
FAX　03-3818-5514
E-mail　tk203444@fsinet.or.jp
東信堂HP　http://www.toshindo-pub.com

ISBN978-4-7989-1602-6　C3036

「日本労働社会学会年報」バックナンバー（23号以降）

労働規制緩和の転換と非正規労働
—日本労働社会学会年報❷—
日本労働社会学会編

〔執筆者〕白井邦彦・田中裕美子・宮本みち子・李旼珍・飯島裕子ほか

A 5／208頁／2500円　　978-4-7989-0157-2　C3036〔2012〕

「格差社会」のなかの労働運動
—日本労働社会学会年報❷—
日本労働社会学会編

〔執筆者〕鈴木玲・呉学殊・田中慶子ほか

A 5／136頁／1800円　　978-4-7989-1209-7　C3036〔2013〕

サービス労働の分析
—日本労働社会学会年報❷—
日本労働社会学会編

〔執筆者〕山根純佳・小村由香・木暮弘・鈴木和雄・中根多惠・筒井美紀・鈴木力ほか

A 5／232頁／2500円　　978-4-7989-1276-9　C3036〔2014〕

若者の就労と労働社会の行方
—日本労働社会学会年報❷—
日本労働社会学会編

〔執筆者〕今野晴貴・伊藤大一・山崎憲・阿部誠・鎌田とし子・鎌田哲宏ほか

A 5／216頁／2500円　　978-4-7989-1330-8　C3036〔2015〕

「女性活躍」政策下の労働
—日本労働社会学会年報❷—
日本労働社会学会編

〔執筆者〕金井郁・駒川智子・三山雅子・中囿桐代・筒井美紀・王昊凡ほか

A 5／208頁／2500円　　978-4-7989-1395-7　C3036〔2016〕

人口減少下の労働問題
—日本労働社会学会年報❷—
日本労働社会学会編

〔執筆者〕今井順・木下武男・清山玲・高木朋代・丹野清人・宮本みち子・今野晴貴・鎌田とし子・鎌田哲宏ほか

A 5／208頁／2500円　　978-4-7989-1448-0　C3036〔2017〕

〈自律的〉労働を問う
—日本労働社会学会年報❷—
日本労働社会学会編

〔執筆者〕今井順・京谷栄二・川上資人・大槻奈巳・伊原亮司ほか

A 5／160頁／2000円　　978-4-7989-1515-9　C3036〔2018〕

※　ご購入ご希望の方は、学会事務局または発売元・東信堂へご照会下さい。
※　本体（税別）価格にて表示しております。